AVE EVA

AVE EVA

Mariana Castillo

CR863.4
C352a   Castillo Padilla, Andrea Mariana
FRJ   Ave Eva / Andrea Mariana Castillo Padilla
         – Primera edición – San José, C.R. : AUTORA, 2022.

              11790Kb   Amazon Kindle (.azw)

              ISBN 978-9968-49-954-5

              1. Literatura costarricense. 2. Género literario/novela.
           3. Mujer/fuerza interior/voluntad. 4. Felicidad/amor. 5. Amar/
           amada. I. Titulo.

Mario Madrigal Madrigal (Diseñador Gráfico)
madrigalmadrigalmaraio@gmail.com

Yeiner Quesada Espinoza (Dibujante)
yquesadaespinoza@gmail.com

César Alejandro Hernández Ríos (Fotógrafo)
riosale2189@gmail.com

Jimmy Castillo Bonilla (Productor Audiovisual)
Jicabo09@gmail.com

Demetrio Castillo Padilla (Revisor)

Copyright ©2022

ISBN: 9798791458872
ISBN: 978-9968-49-954-5
Todos los derechos reservados

DEDICATORIA

Dedico este libro a todas las personas que tienen sueños, metas, aspiraciones. En muchas ocasiones soñamos con hacer grandes cosas. Buscamos la manera de ejecutar lo que planeamos, no obstante, en algunos momentos cuando el camino se comienza a poner difícil o cuando vemos que es largo, decidimos frenar el paso.

Con este libro les invito a caminar. No se detengan. Recorran todos los caminos que sean necesarios. Que nadie te diga que no, que nada te frene. Los sueños se cumplen, solo debes caminar y avanzar.

¡Nos vemos adelante en el camino!

AGRADECIMIENTOS

Agradezco profundamente a Dios por darme la oportunidad de hacer realidad mi sueño de escribir y publicar mi primer libro.

Mi agradecimiento profundo al maestro Francisco Navarro Lara, mi mentor y su esposa Paqui Gavilán. Por abrirme los ojos a esta realidad. Por impulsar mi espíritu creativo y la confianza en mí. Todas sus enseñanzas las llevo en mi corazón.

Prólogo

Ave Eva es la primera novela de la escritora costarricense Mariana Castillo en la cual deja entrever aspectos biográficos, combinados hábilmente con la magia de la literatura.

La búsqueda del vivir a plenitud y del amor, se convierten en los temas principales de la obra, los cuales, muy a pesar de los personajes, van combinados con el sufrimiento y la muerte. Sin embargo, la autora también aborda otros temas como la migración, el estrés laboral, la presión social, la mentira, y la depresión, que combinados resultan en no otra cosa que una historia de vida.

La realidad costarricense que relata se repite en muchas otras latitudes del mundo. La migración interna de los campos a la ciudad no está exenta de dificultades, y en algunos casos, adquiere tonos realmente dramáticos.

El trabajo extremo de la ciudad que estresa a la gente, la presión social y tradicional en los campos que presiona a sus habitantes, hacen también su aparición como crítica tácita a un sistema de costumbres que termina por molestar y enfermar a los que lo padecen.

Es curioso acotar también que en seis personajes se puede condensar y entender todo el contexto de la obra. La tríada Ignacio-Rigo-Javier del lado masculino, y Margarita-La Pelona-Eva del lado femenino, encarnan actitudes reales.

Los destinos de cada uno de ellos, a pesar de estar condicionados por las circunstancias se terminan diferenciado de los otros por la misma forma de entender la vida que tiene cada uno.

Finalmente, a diferencia de la mayoría de las obras del ámbito costarricense que se enfocan en la ciudad o el campo solamente, Ave Eva sabe combinar la tensión y relación entre lo urbano y lo rural de una forma magnífica, rompiendo así los escenarios únicos y conectándolos entre sí, como en verdad es que sucede.

Luis Demetrio Castillo Padilla
San José, Costa Rica
06 de diciembre 2021

Nota importante: Este libro cuenta con códigos QR y direcciones Url, que llevarán al lector a un espacio virtual con la autora de este libro.

Se recomienda leer de manera continua toda la novela y cuando se desee entender acerca del sentimiento que inspiró a la autora a escribir sobre cada punto tratado, se pueda hacer uso de esta herramienta digital.

Las palabras que la autora expresa en sus videos y audios son de un vocabulario sencillo y natural, ya que eso exactamente es lo que se necesita para entender el tema con el alma y el corazón en el momento ideal.

Tal vez se noten que hay repeticiones, incoherencias o frases mal elaboradas, pero cada una ha sido realizada con la intención de generar la reacción de análisis de la persona que escucha cada mensaje.

Audio Duración 2:10
Bienvenida

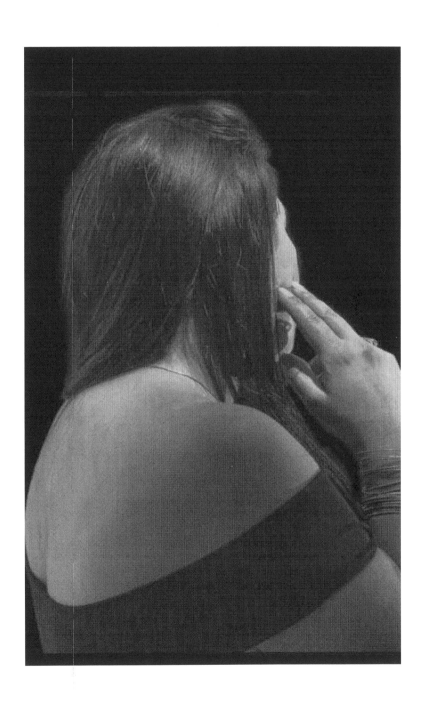

Con el tiempo en su contra y la angustia de un compromiso, giró de prisa su sensual figura hasta la mitad del pasillo. Tomó las llaves de la casa de su madre, su abrigo de piel color marrón y se miró al espejo una vez más.

¡Me veo bien! –pensó-, pero la angustia de su notable retraso le marcó una arruga en la frente evidenciando el mal humor que sentía en ese momento.

Era el mes de octubre y desde la noche anterior no paraba de llover. Sentía algo de miedo, ya que el año pasado las fuertes lluvias habían causado mucho daño en la casa de su familia. Aún lo recuerda. Llovía fuerte.

Nadie en casa, ni en el pueblo había podido dormir. De pronto y a mitad de la noche, un gran deslizamiento, causó horror y mucho miedo, sin embargo, no podían paralizarse, tenían que correr y salvar lo más importante, sus vidas.

Época lluviosa es igual a deslizamientos o inundaciones en distintas zonas vulnerables del país. Un lugar increíble sin lugar a duda, con un clima loco. En muchas ocasiones experimenta crisis que terminan afectando a muchas personas.

Su familia no había sido la excepción y un embate de la naturaleza acabó con años de trabajo y esfuerzo, de la misma forma, dejó secuelas de angustia y dolor en su mente.

"Perder cosas, perder un lugar, nadie quiere eso, pero a veces pasa y toca juntar lo que queda y construirlo de nuevo".

Las calles estaban repletas de agua. No podía seguir postergando su salida, era tarde. Corrió la cortina, miro por la ventana, él no llegaba.

El reloj no paraba su marcha. Eva comenzó a desesperarse, las damas de honor nunca deben llegar tarde.

Tomó valor, agarró su paraguas y salió a la calle. Aún en medio de la tormenta caminó con garbo y sus altos tacones rojos sufrieron la desafortunada suerte de mojarse antes de ser admirados por sus amigas.

Su vestido perfectamente ajustado al cuerpo, ya no se miraba tan hermoso como el que minutos atrás modelaba frente a su viejo espejo. La lluvia y el viento estaban estropeando largas horas de maquillaje y peinado.

Caminó algunas calles buscando alguien que la llevara al templo. Tal vez algún vecino igual que ella, estaría invitado y con aquel aguacero que caía, quizás aún no salía de casa. Pero no lograba ver a nadie. -Creo que soy la única que queda por acá-, pensó.

Su casa quedaba en un lugar alejado. De haber sabido que él nuevamente llegaría tarde, se habría preparado con tiempo y esto no estaría pasando; pero como siempre, le hizo creer en su promesa.

Más adelante la pitoreta de un auto le avisaba que debía parar. Como un loco, desde la ventana bajada de su carro, Ignacio gritaba que se le había hecho tarde, pero que ya estaba ahí para llevarla. Eva no quería detenerse, se sentía enojada y tenía razón, era tarde, estaba mojada, y él había fallado de nuevo a su compromiso. El auto continuó avanzando tras ella. Sin más remedio y harta de que su paraguas no la protegiera de aquel diluvio, decidió subir al carro.

En los últimos meses, Ignacio había adoptado la mala costumbre de tomar más copas de lo "normal". En esta ocasión no era excepción. Venía tomado y apestaba a su propio perfume por querer disimular ese olor particular del alcohol.

Eva estaba furiosa por su tardanza, el clima le jugaba sucio y su demora era bastante abrumadora. Ya buscaría el momento de reclamarle. Ahora solo necesitaba llegar al templo. Corrió hasta el vestíbulo para poder dar las últimas frases de motivación a su amiga y de paso arreglarse un poco; la lluvia y el enojo no le habían sentado nada bien.

Su amiga la esperaba ansiosa convertida en un manojo de nervios.

—¿Dónde te habías metido?, le reclamó.

—Eres mi sostén, yo no creo poder dar un paso si no llegabas. Sabes que muero del susto al ver tanta gente.

—Ya cálmate, después te cuento, hoy es tu día y debes lucir maravillosa. Vas a realizar tu sueño. Casarse es algo con lo que siempre hemos soñado, hoy a ti se te hace, ¡vívelo! Levántate de esa silla y marcha junto al hombre que pasará contigo el resto de la vida.

La novia, toda cubierta por telas brillantes y una sonrisa ligera, se incorporó de inmediato. Estaba entrada en años y creía que ese día nunca llegaría. Se sentía vieja, no solo de cuerpo, sino de mente y alma. Entre la rutina y los sinsabores que la vida le dio, se acostumbró a la idea de quedarse a "vestir santos". Y es que a veces ocurre que la gente, se niega la oportunidad de amar. Tal vez por miedo, tal vez por dolor.

Lo que sí era seguro es que Eva siendo cuarenta años menor que Margarita, quien estaba a punto de casarse, le había motivado a salir de casa y comenzó a frecuentar reuniones de esas a las que solo va la gente de cierta edad. Prácticamente, le habían obligado actuar y dejar de lamentarse por su triste vida de soledad.

"Estar sólo no es malo, podría decirse que es un estilo de vida, pero cuando alguien es un solitario con ganas de no serlo, es ahí donde se vuelve complicado".

Había perdido el sentido de la vida desde mucho antes de que la edad adulta llegara, por una mala experiencia con su padrastro y se negó la oportunidad de vivir y ser feliz cuando era joven. Por fuerte que parezca, a veces sucede. Nos duele tanto algo que pasó que, en lugar de soltarlo, lo abrazamos.

Ese dolor se mete en el alma y nos punza, así como una rosa con espinas y aunque duele seguimos aferrados a no soltar, aunque veamos ya la sangre caer. Soltar cuesta, eso es cierto. Pero es más doloroso sentir la herida abierta y tocarla causándonos más dolor. Incluso somos tan crueles con nosotros mismos que terminamos echando sal en la herida y luego lloramos y preguntamos ¿Por qué?

Fue así como, entre una y otra cosa, Margarita conoció a Lalo. Un señor de edad avanzada. No muy guapo, pero de intensiones serias; no muy alto, pero de enormes ingresos; no muy gordo, pero tampoco un atleta; era justo el hombre que podía y debía estar con ella. El romance fue corto, ya tenían una vida esperando y su reloj biológico cada vez estaba más cerca de expirar, según ellos.

Coincidieron en que el amor llega y uno simplemente se da cuenta de que no debe, ni puede estar más sin esa persona. ¡Sí!, era una boda bastante esperada.

Todos en el pueblo hablaban del evento y por supuesto muchos estaban invitados.

Bien es sabido que en muchas zonas rurales las bodas no son como en la ciudad. Ahí se invita a un mar de personas, se celebra en grande, bailando y comiendo, es un evento social que de seguro se comenta y espera por días. Asisten familias enteras. No hay mesa reservada, ni lista de regalos.

Cada uno lleva lo que la voluntad y el bolsillo le permite. Tampoco hay protocolos de entrada y salidas al templo o salón.

Los novios, eran personas muy humildes y queridos a la vez. La edad era solo un complemento más para aquel buen festejo. Saber que las oportunidades existen y pensar en que la vida ofrece mil cosas que solo hay que saber esperar era sin duda alguna un ejemplo claro con la boda de Margarita y Lalo.

Con la marcha nupcial, la novia desfiló hacia el altar acompañada de su amiga. Esta, en lugar de prestar atención a lo que sucedía a su alrededor, iba soñando con el día de su propia boda. Desde pequeña le habían vendido esa idea. "Hay que casarse para ser feliz". Y lo soñaba realmente.

Eva había crecido en una familia en donde el casarse y llegar pura al matrimonio era muy importante. El sacramento debía durar para toda la vida y el cuento de hadas terminaba con el "fueron felices por siempre". Hoy día eso no sucede mucho. Las personas se casan todo el tiempo, pero cuando las cosas empiezan a ponerse complicadas, es más fácil pasar al otro lado de la calle que caminar tomados de la mano.

Por eso cuando hay un matrimonio y se mantienen ambos cónyuges dándose el uno al otro, ese sí es un cuento que merece ser narrado.

Eva e Ignacio, tenían bastante tiempo de tener una bonita relación de novios. Se habían conocido muy jóvenes. Era casi como un amor de chiquillos y aunque ambos se "gustaban", habían tenido que esperar algunos años para poder andar juntos.

La familia de Eva tenía muchas reglas, e impedimentos. Ella era algo así como la "Niña mimada de papá". No la dejaban salir mucho y permitirle andar con un jovencito era cosa casi imposible.

Primero los estudios, decía su mamá. Y esto, aunque a la edad de la adolescencia no se entendía, sin duda alguna había sido la mejor herencia que le pudieron dejar. Eva se había convertido en una persona disciplinada y con un futuro prometedor.

Cuando tuvo más edad, pudo comenzar algo con él. Eran dos chiquillos, pero ese brillo que destellaban sus ojos era ese mismo que se les ve a las personas que han encontrado su alma gemela, por cursi que parezca esta manera de manifestarlo.

Cualquiera en el pueblo podía dar fe de lo que esos dos se amaban. Se notaba. Y aunque eran muy distintos, el amor no hace diferenciación en eso.

Eva tenía puestas en las manos de Ignacio su corazón. Imaginaba una vida junto a él para siempre. Quería una casa de amplios ventanales y rodeada de jardines hermosos en su pueblo. Soñaba una familia e hijos con él, solo con él. Lo esperaría cada tarde al caer el sol. Amaría cada mañana despertar a su lado. Cumplirían juntos cada proyecto que habían pensado. Y sería de esos amores que duran aún después de la muerte.

Probablemente él ni siquiera imaginaba tantas cosas como las que ella pensaba, o por lo menos de ese tipo.

Pero lo que sí se podía asegurar es que la adoraba. Por eso era más que extraño ese comportamiento que en más de una ocasión les hacía discutir. Inmadurez se puede llamar.

En ocasiones quería tenerla de forma que nadie más la viera, así como un objeto valioso de su propiedad. Otras le gustaban presumirla ante los demás. Pero si alguien lanzaba algún cumplido hacia ella, se le podían notar evidentemente sus celos.

Eva olvidó el enojo que minutos antes tenía con Ignacio. Cada palabra de aquella hermosa celebración le habían ablandado el alma.

Apretó fuertemente su mano. Lo miró y siguió con deseo cada parte de su rostro. Le gustaban sus ojos, amaba su boca, sentía deseo por todo su cuerpo y se excitaba con el solo roce de sus manos. Es el hombre de mi vida, pensaba cada vez que lo miraba ¡De verdad lo amaba!

Las personas comenzaron a salir. La lluvia se había detenido y la feliz pareja, había decido caminar hasta el saloncillo del frente en donde ofrecerían una particular recepción. Allí la gente apuñada en las esquinas estaba esperando el momento de la cena.

Hacían comentarios acerca del sitio y la rústica decoración y no faltó la vecina mañosa que pensó una estrategia para llevarse a su casa alguno de los centros de mesa. El lugar se volvió chico para tanta gente, faltaban sillas y mesas.

Ser parte de los invitados de honor ofrecía sus ventajas. Tenía un sitio asegurado en la mesa principal en donde contaba con acceso a toda la comida y bebida que quisiera.

Desde allí podía observar cada detalle, sin embargo, la magia de aquel momento comenzó a desaparecer cuando Ignacio entre las copas que ingería, más las que quien sabe en qué lugar se había tomado, lo tenían más cariñoso de lo normal. Y no es que el cariño fuera malo, por el contrario, a ella le encantaba que le demostrara cuánto la deseaba, pero no en ese lugar. No en ese momento. No con tanta gente mirándola.

Cuando tomaba se volvía necio, celoso, posesivo y siempre terminaban por pelear. Era una verdadera pena que siguiera con ese maldito vicio.

—Quiero más de ti. Le dijo.

— ¿Más de mí?

Y con esas palabras comenzaba de nuevo otro debate entre el amor, la moral, los valores, el deseo y mil cosas más. Eva sentía que no lograría mantener esa situación por más tiempo. Ella lo ama y en más de una ocasión deseaba entregarse y vivir con él cosas que sin lugar a duda había imaginado muchas veces en su habitación. No obstante, "quería hacer las cosas bien".

Ya en estos tiempos eso parece algo imposible, anticuado. Pero por extraño que parezca hay quienes desean cumplir ese pacto sagrado.

"Ser diferente no es malo, ser igual al montón por encajar, sí lo es".

Quiso enfriar la situación un poco y por eso decidió ir a saludar algunos amigos. Caminó por el pequeño salón y se topó con mucha gente que hacía tiempo no veía. El trabajo le impedía hacer vida social en el pueblo.

Encontró a Javier su viejo amigo de infancia. ¡Cuánto quería a ese muchacho! Él era de aquellas personas demasiado buenas para ser reales. Siempre era grato encontrarlo, hablar con él, darle un abrazo.

Habían crecido juntos y era esa persona con la siempre podía hablar. Cuando se encontraban, ella lo abrazaba con fuerza y él terminaba pasando de su piel blanca a un color rojizo que delataba su vergüenza. Se convertía en un manojo de nervios y parecía más torpe de lo habitual.

Javier era de esos que dedican su vida para mejorar la de los demás. Era un chico tímido y aunque Eva era su amiga de siempre, él moría de nervios a su lado.

Tomó valor y quiso probar suerte.

—Eva, estás muy linda.

—Gracias, tú te ves muy bien.

—¿Quieres bailar?

Ella miró, hacia donde estaba Ignacio observándola con detenimiento.

—Sabes, sería lindo, pero dejémoslo para otra ocasión, quiero saludar a otras personas, igual te lo agradezco.

Y el pobre Javier se quedó con su risa extendida y mirada vacía.

Claro que ella quería bailar, ¡Por supuesto que quería hacerlo! Quería reír y ser como los otros jóvenes de su edad, pero Ignacio prefería que su novia fuera más discreta y que siempre estuviera con él. Ya no tenía ganas de pelear con Ignacio, así que decidió guardar su deseo y siguió desplazándose entre aquel montón de gente.

Tomó un respiro. Mientras bebía una copa, miró de cerca las parejas en la pequeña pista de baile. Un hombre llamó su atención.

Nunca lo había visto y eso que en las fiestas de pueblo todos se conocen.

El extraño bailaba bastante bien, era un gusto a la vista verlo moverse. Por otra parte, vestía de manera tal que provocaba un exquisito gusto para aquellos que saben de buena ropa. Definitivamente no era de ningún lugar cercano a su pueblo.

Lo miró con ansias, se mordió los labios. Por primera vez en tantos años se estaba dando permiso de mirar con deseo a otro hombre que no fuera Ignacio. Se sonrojó.

El extraño se había percatado de la joven morena que le miraba hacía ya un rato. Cuando terminó la canción agradeció a su compañera de baile y se acercó al sitio en donde Eva estaba. Extendió su mano invitándola a bailar.

Ella guiada por el asombro que le provocaba, estaba por afirmar, cuando se apareció Ignacio. Le tomo del brazo y la alejó del hombre.

¡Es tarde Eva, te llevo a casa! Y así sin más ni más, la fantasía de bailar con ese extraño simplemente terminó.

Déjame despedirme de Margarita nada más, le dijo a Ignacio mientras le besaba en la mejilla.

Todo se llevó tal y cual se había planeado y la orgullosa novia miró a su amado Lalo sonriendo junto a ella.

Tomó sus arrugadas manos y contempló con admiración su argolla matrimonial. ¡Por fin era una mujer casada! Ya me puedo morir tranquila, expresó sonriendo.

—¡Ay, Margarita!, que cosas dices.

— Ahora es cuando empiezas una vida distinta. Una vida que has soñado. Una vida que tienes todo el derecho a disfrutar por mucho tiempo. Y las amigas de edades tan distintas se abrazaron y lograron dar para la cámara la foto perfecta.

Mientras sonreía el extraño la miraba. Vaya que era interesante, pensó.

Los días pasaron y las cosas continuaron siendo iguales. La prisa en las mañanas, la monotonía del trabajo, las eternas cuentas por pagar, los encuentros románticos con su novio, quien siempre encontraba la forma de hacerla reír y enojar.

Eva vivía con su madre en las afueras de la ciudad en un pueblo pequeño, rodeado de montañas y esa naturaleza increíble que caracterizaba su país. El trabajo quedaba lejos, así que su vida tenía largas horas de viaje de ida y vuelta. Viajes que a veces se hacían eternos entre lo lento del transporte público y las interminables presas.

Llegar a casa luego de un día de locura era increíble. Descansar, tener sobre la mesa un plato de comida que su viejita le servía con amor y la posibilidad de dormir sin el ruido loco de la ciudad. Su agenda cada día estaba más llena. Tenía tanto que hacer que en ocasiones sentía que la vida se le estaba yendo entre las cuatro paredes de su oficina.

Frente a su computador miró en un momento al joven que conoció el día de la boda. Tenía una estatura aproximada de metro ochenta, contextura delgada, pero fornida, cabello castaño, ojos cafés, su boca perfecta creación del Señor y sus dientes perfectamente alineados.

Lo observó acercarse mientras se desabrochaba la camisa. Sudó de angustia o de placer, cerró los ojos esperando un beso… Entonces movió la cabeza con fuerza como queriendo sacudir ese pensamiento de la mente.

— ¿Qué me pasa? -, pensó. Mejor vuelvo a concentrarme en el trabajo. Pero la mente es juguetona y le gusta deleitarse por un rato más con cosas que le alivianan el acelerado ritmo de la vida. Por unos minutos la risa en su cara esbozó una mueca picará que la delató.

Es bueno tener algo diferente en que pensar, y sonrió.

El tiempo corría y el calendario cada vez más delgado, llevaba a la gente presurosa con las compras para la Navidad. Todos deseosos de gastar. Muy probablemente en cosas innecesarias, pero había que hacerlo, la época lo demanda.

Gente con bolsas, presas interminables de autos, música navideña, luces. En fin, un tumulto tradicional para esos días. Esa época en particular era difícil para Eva y su familia. El dinero apenas si alcanzaba. Las cosas se habían puesto complicadas unos años atrás cuando en vísperas de Navidad había muerto su padre.

El viejo, como así lo llamaban era una persona de buen temple, serio, concentrado en su trabajo, un buen hombre. Para su familia era un eslabón fuerte, necesario y se podía decir indispensable para vivir. Pero, el cáncer no hace distinción entre gente que se quieren y personas que tienen la vida totalmente desecha. Llegó de la noche a la mañana. No respetó los ruegos, los rezos, las lágrimas y la daga que lentamente iba clavando en el corazón de su familia.

El destino se lo llevó tan rápido que no dio tiempo de despedirse. Simplemente, empeoró de la noche a la mañana y no había nada que hacer.

Sus dos hermanos eran más jóvenes, no obstante, igual que Eva les tocó asumir la difícil carga que se les venía encima. La madre pasó tiempo meditando su pena, y la impotencia de no tenerlo la impactó de tal forma que pasó un buen tiempo hasta que pudo volver a mirar el día sin esa niebla que cubría sus ojos.

Era duro vivir sin él y más haberle perdido en vísperas de noche buena. Una fecha marcada de muchas maneras en el calendario.

Tiempo de celebrar, tiempo de fiesta y gozo. Pero ¿quién le explica a una persona que pierde a un ser querido que también la muerte es motivo de dicha?

Son esos los momentos en que se deja notar cuán solos estamos entre tantos y cómo en este mundo vivimos tan desnudos de protección como el día de nuestro nacimiento. Y es que nadie, nadie puede coger el corazón y protegerlo para que no sea lastimado. ¡No!, esas cosas solamente con el tiempo se pueden sanar.

La gente se acerca, te apoya, te da mil y una oportunidades y formas de ver la vida, cuando la herida aún está abierta. Pero poco a poco al igual que la arena, se esfuman entre tus manos, te quedas vacío, solo. Con tantos recuerdos, pero solo.

Semanas atrás la madre se había empeñado en colocar en todos y cada uno de los rincones, muchas fotografías de su esposo. Éstas en lugar de alivianar el dolor, hacían más profunda la llaga y la mortificaban en cada instante.

Al pie de la imagen de la Virgen del Carmen, su madre pasaba los días, pidiendo por todas y cada una de las ánimas del purgatorio, y se alimentaba mal.

Su cuerpo comenzó a adquirir un tono amarillento y su rostro cada vez más demacrado acentuaba las ojeras de tanto llorar. Sus hijos, cada vez más preocupados por aquella actitud de derrota, sufrían con el solo pensar que ese deseo de morirse en vida fuera a acabar con ella.

La presencia física del padre tenía bastante tiempo de haberse alejado, sin embargo, su alma seguía vagando por aquella casa. No podía descansar y su tristeza y pena eran como candados que le impedían volar hasta el lugar eterno. No podía, ni debía seguir así y ella lo sabía, pero sentía que sería una canallada de su parte dejar de pensar en él. Se lo debía.

Era necesario que llorara, que gritara, que reclamara, pero también tenía la obligación de dejarse de lamentar por algo que ya no se podía remediar. Debía soltar, despedirse, dejarlo ir. Soltar cuesta, es lo más difícil de la despedida.

Aceptar que así serán las cosas, es como hacer un corto circuito al cerebro para que entienda.

Cuando la gente muere las personas toman distintas actitudes. Conozco personas que han decidido enojarse con Dios por no haber escuchado su súplica de sanación como si Dios tuviera que hacer caso a lo que nosotros queremos. Otros llevan un duelo "normal" y días después pueden seguir sus vidas de manera igual.

La muerte no es fácil y menos cuando se ha querido tanto. Pero es necesario aceptar. Nadie niega el dolor que sientes. Pero, ¿qué más se puede hacer?

Reunidos en su casa, los hermanos hablaban de su madre. Todos estuvieron de acuerdo en que, si tanto lo habían amado en vida, tenían que hacer lo posible porque el descanso en la vida eterna fuera lo más hermoso para él. Si ella no lograba hacer ese cambio, tendrían que internarle en un hospital de salud mental. Lo extrañaban, pero no podían retenerlo más a su lado.

Decidieron llevar a la madre hasta el cementerio y darle el apoyo que necesitaba para despedirse de su esposo. El día del funeral ella se había negado a acompañarlo hasta ese lugar. El solo hecho de pensar que tenía que pisar la tierra que lo resguardaba, la hería y le mataba en vida.

Por fin llegaron. El cementerio estaba en silencio total. Todo vestido de blanco y matizado entre la yerba verde.

Había paz, mucha paz. Por eso vuelvo a decir, la muerte es celebración, sino ¿dónde más se puede descansar de tanta angustia que da la vida?

Entre el llanto y la negación, se fue abriendo poco a poco para hablarle y expresarle lo que sentía.

Los hermanos la observaban de lejos y era desgarrador, verla casi abrazada a la fría tumba, como queriendo penetrar el áspero trozo de cemento que separaba sus cuerpos. Por fin, y luego de depositar las últimas flores sobre su lápida, con voz entrecortada le pidió que se marchara. Aún en medio de todo el dolor que sentía, ella lograba percibir la preocupación de sus hijos.

Sonará triste lo que voy a decir, pero uno cuando conoce alguien y decide un futuro con esa persona, debe contemplar también la opción de pensar ¿qué haría sin él/ella? Y es que suele suceder que nos quedamos atados. Nos sorprende algo que es imposible evitar. Nos sorprende lo inevitable.

Nadie es eterno de manera corporal, pero ese amor y recuerdo siempre quedarán en nuestra memoria.

En ese momento un fuerte viento movió las hojas de los árboles y una extraña paz llenó sus corazones.

Todos se acercaron y la abrazaron mientras rezaban el Padrenuestro implorando descanso eterno para quien tanto los amó.

"Oh muerte que te llevas la vida, dame solo un minuto más, cuela entre tus manos, mis heridas y devuélvemelo en alas para poder volar"

Video. Duración 4:23
Comentario sobre la muerte

Iniciaba un nuevo año, mil promesas por realizar: bajar de peso, comer saludable, ahorrar, leer un libro, ser mejor persona, iniciar un proyecto, salir de deudas. Pero fallamos desde principio. Hay "resaca" por las noches anteriores. Tenemos indigestión por tanta comida y bebidas. Nos sentimos cansados de tanto festejar y toca postergar los planes para la semana siguiente. Además, hay que gastar los últimos días de vacaciones en cualquier cosa menos en comenzar lo prometido la última noche del año.

Los años pasan volando y lo más correcto sería aprovechar cada día y hacer que valga la pena cada segundo de vida. Pero a veces se nos da que cambiamos el uso de la energía positiva, por cosas, personas o sentimientos que no van bien, por ejemplo: malas decisiones financieras, momentos que nos vuelven la vida de cabeza o en el peor de los casos sufrir por un hombre o una mujer. ¡Qué problema tan trivial!

A Eva eso le sucedía muy a menudo. Ignacio su amor, su desvelo y su consuelo se portaba de manera inmadura para su edad. En ocasiones tierno, detallista. ¡El hombre ideal! Otras veces cuando parecía que todo estaba bien, desaparecía y se convertía en todo un "patán". Luego cuando le reclamaba, se hacía el ofendido por no saber el porqué.

Ignacio se había rodeado de malos amigos. Aparecían y se largaban cuando les daba la gana.

Nadie es dueño de nadie, pero qué cansado cuando una persona quiere tener algo serio y te hacen a un lado.

Eva era una mujer extraordinariamente inteligente de manera profesional, sin embargo, tenía ese pequeño desnivel en su vida. Vivía por él, respiraba y moría de acuerdo con su voluntad. No es necesario golpear para hacer daño. Una palabra, una acción, un silencio duelen cuando se ama. Sentir amor y rogar amor son armas silenciosas que te matan lentamente.

Ignacio no era malo. Solo que venía de una familia en donde le habían enseñado a ser libre, despreocupado y posesivo a la vez. Era un hombre ya en edad, pero tenía la inmadurez clásica de un jovencito. Quizás hacía con ella lo que le daba la gana, porque estaba seguro de que lo amaba.

Y es que a veces uno se vuelve ciego y permite que las cosas pasen y Eva no era la excepción a lo que digo. Estaba enamorada y ese era su problema y su realidad.

El amor es hermoso sin lugar a duda, no obstante, cuando te llega se adueña de tus neuronas y te vuelves vulnerable.

El sol había salido y todos en casa planeaban salir. Ella quería quedarse, usar pijama todo el día y ver su serie favorita. De paso, esperar como una tonta a que él se dignara aparecer o le llamara. Pero su hermana no iba a dejar que siguiera venerando al infeliz ese.

Después de mucho pensar y recibir hasta dos o tres regaños por su indecisión se dijo a sí misma: no voy a hacer nada malo, ¿qué más da?

Era cosa de darse otro aire y utilizar el pretexto que mucha gente pone cuando inicia el año: visitar familia, conocer un nuevo lugar, salir para dar buenas vibras y seguir viajando el resto del año. ¡Qué sé yo! Tantas cosas que la gente se inventa para quedar bien con alguien. Con lo fácil que, es decir salí, compré, hice algo, porque quise y ya.

Llegaron a casa de un amigo de la familia. Él, muy amablemente cada año ofrecía un día de libertad, parrilla, sendero, almuerzo tipo campestre y mucha diversión sana.

Las personas con las que había llegado se fueron dispersando a diferentes lugares. Eva prefirió sentarse en un sitio apartado sola, simplemente para mirar. Ya luego me integro, le dijo a su hermana.

Quería darse lástima a sí misma por estar sola ese día. Se hacía mal, estaba demasiado acostumbrada a la compañía de Ignacio, por eso se sintió torpe ahí. No encajaba y no llevaba su celular para disimular la mala relación social.

¡Qué pequeño es el mundo! Le manifestó alguien mientras le ofrecía un refresco. Alzó la mirada. Era el extraño del otro día. ¿Puedo sentarme a su lado?, preguntó. Por un segundo no supo que contestar, pero era descortés no hacerlo, después de todo necesitaba con quien hablar.

Eva no era la típica mujer bonita, pero tenía algo que llamaba la atención de muchos hombres y la envidia de las mujeres, tal vez su mirada triste, tal vez su perfecto y largo cabello, tal vez esa figura sensual que pocas tienen como premio de la vida, sin esfuerzo alguno. Por eso no es de extrañar que algunos hombres se le acercaran con facilidad.

—No logramos bailar el otro día y yo creo que querías hacerlo, le dijo. Soy algo así como un psíquico y veo cuando una muchacha bonita desea algo.

Eva sonrió. Quizás el halago, o tal vez los nervios que ese sujeto le provocaba hacían que se volviera presa fácil de sus encantos.

—No es que no quisiera bailar le mencionó, pero tenía que irme y pues ya sabes, dijo encogiéndose de hombros.

—Claro, el novio. Y pues, aprovechando que no lo observo por acá, ¿Qué tal si te invito a caminar?, veo que este lugar es amplio y también me gustaría conocerlo.

Eva accedió y caminaron por un hermoso sendero natural que había en ese sitio.

—No quise ser inoportuno diciendo lo de tu novio, se ve que estás muy enamorada y no quisiera molestar. Solo trato de ser amable, no me mal intérpretes, te observé sola y quise hablar.

—No te preocupes, es lindo topar con personas amables. Y, ¡sí tienes razón!, el hombre del otro día es mi novio.

—Un novio, que deja sola a una mujer tan linda a inicio de año no me parece buena idea. Disculpa, pero de verdad, yo no podría dejarte ni un segundo sola (típica frase que usaría cualquier conquistador).

Miró su reloj.

Es tarde expresó. Fue un gusto poder caminar contigo. De verdad es lindo este lugar. Vengo con unos amigos y tenemos un compromiso luego. Se acercó y le beso la mejilla con un roce tan suave que hizo que ella se sonrojara.

Cuando el extraño se alejaba quedó prendida de una rara sensación.

Mientras lo miraba por la espalda se percató de un pequeño detalle, ¿cómo se llamaba?, ¿Lo volvería a ver?

¿Cómo era posible que algo tan básico se le esfumara? Corrió tras él y le gritó entre la gente, la frase con la que debió empezar: ¿Cómo te llamas?

Apurado mientras se volteaba contestó con una increíble sonrisa: "Rigo". Y se perdió entre la gente.

¿Rigo? ¿Qué era Rigo, ¿Un nombre?, ¿Un apodo? Hay tantos Rigos. No tenía un apellido, ni un teléfono, ni una dirección. Estaba igual que el primer día. ¿Quién era?

La tarde cayó y las actividades del día parecían haberse terminado. Su hermana y todos los demás ya se habían juntado para marcharse a casa. Después de todo no había estado tan mal su día. Ya mañana volvería la rutina del trabajo y probablemente Ignacio estaría a la puerta de su casa cuando ella llegara y una nueva discusión comenzaría.

¿Que estoy haciendo con mi vida se preguntó? Yo lo amo, pero él actúa como si no le importara. Debe estar cansado de que yo no sea como las demás. A mí eso de ser liberal, entregarse cuando la pasión explota, o saltar al vacío sin pensarlo dos veces no se me da. Yo creo que el amor no es solo ese deseo de estar con la persona, esa intención por tener intimidad.

El amor es un sentimiento que despierta cada vello de tu cuerpo cuando esa persona se te acerca, es saber que solamente con mirarlo te inquietas, aunque el tiempo pase.

El amor es paciencia, entrega, unión. Un sentimiento quizá que hace que seas una mejor persona para el otro y para ti mismo. Muchos quizá supongan que soy una pobre anticuada, no obstante, es lo que considero. Así me criaron mis padres y así siento que debe ser.

Una terrible lucha entre lo que pensaba y lo que él quería de ella se daba en sus adentros.

¡No quiero perderlo! Tengo que hacerlo. ¿No creo que algo salga mal? Deber ser maravilloso entregarse por primera vez con esa persona que te viene a la cabeza desde el momento que abres los ojos. Amo a Ignacio. Y lo que se hace con amor jamás puede ser malo.

Sí. La próxima vez que me lo proponga seré suya y él será mío. Voy a dar el paso.

¿Y mi convicción? No importa. No quiero perderlo. A veces hay que optar por lo que sientes y no por lo que necesitas. Además, soy la única que estos días está en este dilema. La decisión está tomada.

Los días pasaron y el trabajo absorbió por completo su tiempo. Por asuntos meramente laborales se había tenido que quedar en la ciudad por algunos días. Salía demasiado tarde y no alcanzaba a viajar en el autobús del pueblo. Una compañera había tenido un accidente y mientras su reemplazo llegaba, el trabajo se acumuló y le tocó doblar turno.

Es curioso como la vida de un adulto se transforma por completo. De pequeños jugamos a trabajar y anhelamos ser personas muy importantes y cuando estamos grandes necesitamos tiempo hasta para poder descansar.

Ya no sabemos si vamos o venimos. Pasamos más tiempo en el trabajo que en nuestra propia casa.

De vez en cuando su mirada se perdía en el horizonte de una montaña de papel de las cuatro paredes de su oficina. Su alma inocente, ligera, la llevaban volando por un mundo perfecto, en donde las ilusiones estaban permitidas, en donde la gente no tiene maldad, en donde las cosas siempre van a salir bien.

La casa de Eva quedaba lejos. El trabajo le hacía salir tan tarde que era prácticamente imposible poder tomar el último autobús. Por eso se había visto en la necesidad de pedirle a una tía que vivía en la ciudad que le permitiera quedarse unos días por ahí.

Cada noche cuando se dirigía caminando donde su tía las ideas explotaban en su mente. Estaba segura de que después que consumara su amor con Ignacio él le diría que se casaran y todo sería perfecto.

Estar en un mundo diferente para ella, despertaba mil preguntas en su día a día. Caminaba mirando las vitrinas de las tiendas ya cerradas. Su horario marcaba la pauta entre el momento en el que aún no abrían y el momento en que ya cerraban.

La locura eterna de la ciudad, los olores extraños, las mil historias que se cruzan en el camino...

Cierta mañana algo en particular llamó su atención. Era común encontrar a muchas personas con menos suerte o con malas decisiones tomadas en la vida. Se le partía el corazón al mirar mujeres, hombres, niños de todas las edades, dormidos o buscando refugio en las esquinas de algún lugar al que seguro volverían durante la noche buscando un sitio temporal.

Se cubrían la cara y el resto del cuerpo con cartones y bolsas plásticas, reposando a su vez sus cansados cuerpos de tanto vagar y sus rugosos pies descalzos.

Es impresionante si te detienes a pensar, la miseria en la que viven muchas personas. Soportan y se acostumbran a la inmundicia de sus vidas, rodeados de basura, excremento, malos olores y comida descompuesta que termina por llenar sus estómagos vacíos.

Ropa húmeda, sucia, rota, desechos de su organismo. Todos confabulados para crear el más fuerte de los olores.

Se acostumbran, no los perciben. Pero todo el resto de las personas sí. Y por esa y muchas otras razones, terminan pasando lo más lejos que se pueda de ellos. Muchas personas en la misma situación, sin embargo, una llamó en especial su atención.

Era una mujer delgada, de piel morena, de unos treinta y dos años quizás. Sus ojos se encontraban hundidos por lo flaco de su cara. Sus dientes quebrados y en su cabeza una visible ausencia de cabello por partes.

No por caída natural, se notaba marcas de dolor, marcas de algún químico o sustancia caliente que le robaron su magia y su belleza. La observó paseándose por ambos extremos de la cuadra, mientras sus compañeros aún dormían. Lentamente con la cabeza baja escudriñaba entre los recipientes de la basura buscando qué desayunar. Es imposible negar cuanto duele ver cosas así.

Igual que el resto de las personas, Eva necesitó continuar con su camino, ignorando la desdicha de los demás, no porque no le importara, sino, porque salir de esa vida no depende de otro que llegue y te tienda la mano.

Depende de uno mismo tomar la decisión y buscar ayuda.

Video Duración 3:01
Dependencia

La vida se vuelve rutina. Por eso cada momento diferente se vuelve un momento feliz. Ese día al salir del trabajo una voz familiar llegó hasta sus oídos pronunciando su nombre cuando apenas salía del edificio. Al voltear la cabeza pudo ver mezclados entre el rostro de otras personas a Rigo. Un impacto de alegría y miedo la llenó. Él se acercó y nuevamente le besó en la mejilla.

—¿Qué haces aquí? Y, ¿Cómo sabes mi nombre? Él, con un esbozo de complicidad le contestó.

—A diferencia tuya, yo sí le pregunté a algunos conocidos varios datos importantes sobre ti.

Sonrojada, caminó por aquellas frías calles junto a Rigo, quien insistió en acompañarla.

La prudencia parecía ser una de sus características. Por ello, mirando de reojo los libros que ella llevaba en mano, supuso que tendría que estudiar.

—No te voy a quitar tiempo, solo quiero darte esto. Se acercó y le colocó sobre su cuello una cadena de plata, con la imagen de un crucificado. El otro día cuando logramos caminar por aquel hermoso lugar en el almuerzo de año nuevo, tú me dijiste que te gustaba, hoy yo te la quiero obsequiar. Guárdala como símbolo de las muchas veces que me gustaría encontrarme contigo. Esa noche Eva durmió pensando en Rigo.

Estaba confundida. Rigo era todo lo contrario a Ignacio, quien aún a la distancia se portaba más "tóxico", como expresan ahora.

Rigo era decente, cordial, amable, comprensivo. Podía hablar con él de muchas cosas. Ignacio en ocasiones se aburría muy rápido de lo que ella le contaba. Más si tenía que ver con trabajo o estudio.

Los seres humanos necesitamos hablar y que nos escuchen. Es algo así como poder liberar presiones, impulsar deseos y vaciar el alma. Por eso, cuando encontramos una persona que nos escuche y nos entienda nos sentimos muy bien.

Muchas relaciones de pareja comienzan toda una crisis, por ese pequeño gran detalle. No se escuchan. Hablan, pero no se entienden. Y la rutina hace que de un momento a otro ya no hablen más, solo viven juntos. Y ahí, el gran peligro. Llega otra persona que toca ese lado débil y te muestra interés en algo tan básico como lo es hablar un rato.

Un saludo, una palabra, un gesto amable. Cosas tan básicas, se vuelven todo un peligro cuando la soledad ha tocado tu puerta.

La rutina, la falta de atención, te hacen vulnerable. Y comienzas a escuchar y sentirte muy bien. Muchas relaciones terminan por no saberse escuchar. Por no hablar…

Audio 4:52
Empatía

Las salidas a escondidas con Rigo se hicieron frecuentes. Era una persona con un exquisito vocabulario, hablaba con gusto de cualquier tema, se mostraba simpático y atento y su mejor cualidad es que era excelente escuchando. No pasó mucho tiempo para que se convirtieran en buenos amigos.

Ella siempre había guardado la compostura que le habían enseñado en casa, pero su cuerpo quería otra cosa cuando estaba a su lado. Ya no era solo Ignacio el que le provocaba esas cosas.

Rigo en poco tiempo había ganado lo que a Ignacio en años le había costado. Rigo despertaba su malicia. Era una de esas atracciones fatales que suelen suceder, le gustaba demasiado y eso era suficiente para mentir, para escapar, para burlar las desilusiones que Ignacio siempre le causaba. No quería herir a nadie, pero tampoco deseaba seguir ese juego.

Ignacio había estado con ella durante mucho tiempo y aunque no era el mejor hombre, la mayoría del tiempo le esperaba con un detalle que la hacía muy feliz. Era su novio por libre elección. Además, no podía dejarlo. Sería injusto de su parte, ya que él había sido un apoyo fuerte durante el problema de deslizamientos en su casa y en el luto y la tragedia de su padre. Así que después de mucho pensarlo, ese día decidió no ver más a Rigo.

Había estado un poco enferma de tanto trabajo. Las presiones, el poco dormir, estar lejos de su casa, le pasaban factura en su salud. Después de ver al doctor, había tenido que recoger sus cosas e irse para su casa por algunos días. Aprovechó la situación y se dirigió a tomar el siguiente autobús para su pueblo.

Mientras caminaba hacia la estación del autobús, cruzó por una de esas calles solitarias de la ciudad. Una extraña sensación recorrió su cuerpo. Algo así como la intuición cuando algo malo ha de ocurrir.

Justo en ese momento se topó de frente con la mujer de la calle que conoció el otro día. Esa mujer que para sí misma ya había llamado "la Pelona". Esa mujer que le producía tristeza, angustia, dolor y miedo. En un instante la recordó buscando entre la basura algo que comer y también la angustia desesperada cuando no encontraba algo que inhalar para calmar sus penas y ahuyentar sus males.

Poco a poco la Pelona se le acercó con movimientos torpes. Quiso evadirla cruzando la calle, pero aquel andrajo humano aceleró el paso. Entre el miedo que le provocaba esa persecución y la maleta que siempre cargaba cuando viajaba a su pueblo, los pasos de Eva comenzaron a hacerse más cortos e inseguros.

Abalanzándose encima de ella, la Pelona creó el momento de más pánico en la vida de Eva. Estaba muy cerca de su rostro. Le mostró los dos dientes quebrados que le quedaban y su nauseabundo aliento, por poco le quita la respiración. La pobre joven tenía el ritmo cardiaco visiblemente acelerado.

La Pelona pudo notar el terror que el enorme cuchillo que llevaba entre las manos causaba en Eva. Lo guardó y con voz ronca le dijo que no tuviera miedo, que nada malo le iba a hacer.

—Solo quiero dinero, necesito dinero, nada malo le va a pasar.

Eva estaba aterrada. En un momento y de manera involuntaria solo acató gritar y echarse a correr.

¿Quién no ha experimentado el miedo que se siente, si se ve de cerca la vida en peligro?

La Pelona la siguió, el horror creció aún más. Nuevamente acorralada y esta vez con el cuchillo de frente a su cara, la Pelona le dijo con voz amenazante: no corra más mamita, escúcheme. Deme plata por lo que usted más quiera, soy mujer, estoy en mis días y tengo una gran hemorragia. Compruebe para que no dude y quitando la chaqueta que llevaba alrededor de la cintura mostró la evidencia que por poco la hizo vomitar.

Respirando un poco, Eva pidió un espacio para aclarar su mente.

Metió la mano en su bolso y sacó algún dinero de allí, además le entregó un paquete nuevo con toallas sanitarias y un vestido que aún no usaba. Tomó todo y se lo entregó aun temblando de miedo a su maloliente intrusa.

Ella agarró las cosas y con una sonrisa quebrada, esbozó una mueca que solo puede comprarse con el agradecimiento y se alejó.

El sentimiento de miedo inmediatamente dio paso al sentimiento de satisfacción y paz. Le había ayudado. Era solamente cuestión de escuchar un momento, era solo cuestión de entender que las personas en distintos momentos de su vida necesitan gritar de manera desesperada por ayuda.

Ya más tranquila en el autobús, llamó a su amiga del pueblo y le contó lo que le había pasado con la Pelona, además de su intención por sorprender a Ignacio. Hablaron largo rato hasta que la señal del celular se lo permitió.

Nuevamente se sentía mal, pero estaba segura de que el mejor remedio para su enfermedad era estar cerca de su familia y por fin ver a Ignacio después de tantos días.

El viaje le había parecido más largo de lo normal.

Al llegar a su pueblo quiso darle la sorpresa a su novio y se dirigió a su casa. Pensó quedarse ese día con él. Era el momento más feliz y excitante de su vida. Seguro me cuidará y ya mañana me sentiré mejor.

—Quiero verlo, abrazarlo, besarlo mucho. ¡Oh por Dios!, creó que será maravilloso.

Ignacio hace algún tiempo le había entregado las llaves de su casa, por sí algún día se decidía a estar con él. Pero ella nunca se había atrevido a pisar ese lugar sin otra persona presente. Ignacio vivía solo.

Su familia ocasionalmente venía al pueblo. Todos allí habían decidido viajar en busca de empleo en la ciudad, como muchos en ese sitio. Sin embargo, él no. Él amaba ese pueblo, sus montañas, sus ríos, todo ese paraje.

Frente a su puerta, Eva respiró profundo, se destapó el escote y abrió la puerta. Camino descalzo. Probablemente habría llegado del trabajo y dormía la siesta.

Cuando estuvo frente a la puerta de su habitación, lo que escuchó no era exactamente el ruido de una persona que duerme. La duda caló directo al corazón, sus ojos se llenaron de lágrimas y sin pensarlo más abrió la puerta. Eva lo miró.

¡Estaba con otra mujer!

El ruido de la puerta hizo que Ignacio también la lograra ver y aunque ella salió en el momento, él no podía quedarse sin darle una explicación a lo que vio. A medio vestir corrió tras ella. Cuando la alcanzó, la tomó fuerte del brazo y le pidió que hablaran.

No quería llorar frente a él, pero el dolor de ser traicionada y el sentirse como una idiota que aún cree que hay hombres buenos y fieles, podían más que su orgullo.
¡Soy una mujer muy ingenua! – Pensó

Las lágrimas corrieron por su rostro al tiempo que le gritaba que la dejara en paz.

—Yo te amo, tienes que creerme, le decía mientras quería abrazarla. Soy débil y ella me insistió. Tú me haces sentir muchos deseos y el no tenerte me hacen caer. Debes creer, te amo. ¡Perdóname!

Eva estaba demasiado llena de dolor y tenía toda la razón. Él debió ser sincero, ella más desconfiada. Su corazón estaba en tinieblas. Su vida perfecta se venía abajo en solo un segundo.

Lo amaba tanto que lo abrazó una vez más. Ese abrazo es el que se da cuando sabes que ya no hay vuelta atrás. Un abrazo que te llega al alma, la toma y se la lleva entre sus manos. Un abrazo que recordarás, aunque ya no estés ahí. Un abrazo que sabes será el fin.

—Ya no puedo seguir contigo. Hasta aquí llegamos, le dijo.

Él por su parte no tenía intención de soltarla. Le imploraba que lo perdonara, le aseguraba que lo que vio, era la primera vez que pasaba y que había sido un error. Sabía que una vez que diera la vuelta, ya no tendría opción y dejaría que la persona que amaba se alejara, aunque sintiera que el corazón se le partía en mil pedazos.

No había marcha atrás. Eso ya no tenía pies ni cabeza. Así que venciendo su orgullo de hombre la soltó y lloró…

Con un nudo en la garganta y con sus ilusiones desechas Eva tomó el siguiente autobús de regreso a la ciudad.

Las semanas siguientes se tornaron difíciles, tal vez su vida estaba demasiado acostumbrada a tenerlo con ella y aunque él aparecía constantemente por la casa de su madre para preguntar por ella y la llamaba a diario, nada podía hacerla cambiar de opinión.

Era ese sentimiento de haber sido burlada, el dolor infame de su traición los que la obligaban a ser fuerte, pese a que sentía morir cada vez que lo miraba. Por eso Eva prefirió guardar la distancia y no ir más por su pueblo por algún tiempo.

Como tantos días de trabajo, llegar a la oficina y saludar a los compañeros era un lujo que se daba cada mañana. Ya que después, todos absortos en las montañas de papel, no les permitían desviar la mirada para ningún otro lugar.

El jefe, de la oficina en la que Eva trabajaba, era de esas personas que nacieron con el hígado atravesado al corazón, todo un tirano, explotador. Creía tener el derecho de tratar mal a todos sus empleados, les gritaba y ridiculizaba cada vez que tenía la oportunidad.

La mayoría de las personas que trabajaban en ese sitio, como tantas personas en el mundo, aguantaban un salario bajo e incluso los malos tratos de un jefe por la imperiosa necesidad de poder llevar un sustento a su casa. En estos tiempos tener un lugar a donde dirigirse cada día a trabajar es un logro y un privilegio que pocos poseen.

Eva, quizás al igual que muchos otros, no se sentía cómoda con lo que hacía, siempre había aspirado otra cosa para su vida. Pero mientras terminaba su carrera no le quedaba más que estar en ese lugar.

Ese día don David, como todos le llamaban, se acercó a ella con la furia que tiene un león enjaulado. Con brusquedad, le tiró sobre su escritorio un puño de papeles que según él estaban mal redactados. Su ceño fruncido y su voz ronca resonaron en las cuatro paredes de la oficina, llamando la atención tanto de sus compañeros, como de las personas que esperaban se les atendiera. Era como sentir mil miradas encima juzgando, compadeciendo, burlándose y temiendo.

Para nadie era un secreto, que don David, se encontraba enamorado de Eva desde el momento en que la había contratado. Por eso, a todos les extrañó que también ella, estuviera pasando por "la boca del lobo", como decían todos cuando se referían a los regaños del jefe.

Era un hombre pequeño, de piel morena y escaso cabello, usaba lentes y tenía la piel bastante arrugada. Vestía ropas buenas, pero por más que lo intentara su enclenque cuerpo no lo dejaba verse bien.

La diferencia de edades era más que notoria. Ella tenía la juventud que lograba despertar vida en el viejo cascarrabias. Era como esa bocanada de aire fresco en aquel triste lugar y el deseo que disimulaba cada vez que la miraba tapando con discreción su pantalón.

El señor este, se había pasado la vida cosechando amarguras y enemigos. Por los corredores y pasillos, se escuchaba el rumor de su pronto retiro, sin embargo, desde el momento en que miró a la joven morena, parecía que había retoñado en un ser nuevo.

Comenzó a venir más arreglado y perfumado de lo que acostumbraba, aunque ese olor en lugar de provocar suspiros dejaba a todos al borde del ahogo. Constantemente la llamaba a su oficina y le hacía muchos comentarios alabando su belleza, siempre en tono de caballero. Y cuando por alguna razón, ella no iba a la oficina, pasaba de un genio, que hacía llorar a más de una de sus compañeras.

En ocasiones, Eva llegó hasta defenderlo de los malos comentarios que realizaban las otras personas de la oficina, pues no había tenido nunca problemas con él y hasta le parecía una persona agradable. Vivía tan absorta en sus problemas, que ignoraba que la amabilidad que tenía para con ella no era más que galanteo.

Don David, siempre supo que existía Ignacio en su vida, pues algunas veces lo había visto a la salida de la oficina y por eso nunca se atrevió a confesarle nada a ella. Pero, cuando la ruptura de ese noviazgo comenzó a ser el chisme fresco en ese lugar, fue quizás el momento en que su viejo corazón quiso jugar esa carta.

El día anterior, la había invitado a almorzar, supuestamente por trabajo. Toda la conversación, que hasta ese momento se había tornado agradable se vio entorpecida cuando el viejo cascarrabias tomó sin permiso la mano de la joven.

El momento excitante que para él comenzaba duró solo unos segundos, pues inmediatamente ella lo miró con pena y quitó su mano de la de él. Queriendo entonces apresurarse en su conquista, don David, le dijo que estaba terriblemente enamorado de ella y que podía ofrecerle todo lo que siempre había anhelado: riqueza, viajes, posición social, todo a una carrera brillante a cambio de que estuviera con él. Eva no podía creer que le estuviera mencionando eso.

—¡Yo no quiero nada con usted!, le dijo, sin pensar en la magnitud de esas palabras.

—Discúlpeme, pero aquí acaba este almuerzo, yo regreso a trabajar.

Eva se levantó de la mesa, tomó su bolso y lo dejó solo en el restaurante con el corazón destrozado, la vergüenza de las miradas de otras personas y una pequeña cajita que contenía un anillo de matrimonio, que se quedaría sin abrir.

Por eso el mal humor de ese jefe había incrementado para esos días y ya era insoportable de soportar. Las siguientes semanas fueron complicadas. Entre ambos únicamente existía esa relación de trabajo y apenas si se cruzaban palabra.

Ella había sido discreta con el tema, pero no faltó quien generara murmullo y descubriera lo que había pasado. Don David llevaba algunos días sintiéndose humillado.

La mañana del alboroto un joven de otra oficina, quien siempre era muy amable con todos, llegó hasta el escritorio de Eva con un lindo detalle para ella. La misma le sonrió y agradeció tan lindo gesto. Por eso, cuando don David observó que ella sonreía con alguien más dejó sacar los celos que lo mataban. Observó algunos papeles sobre su escritorio y decidió que era el momento de reclamar. Delante de todos los demás, le gritó como nunca lo había hecho con nadie y le sacudió con fuerza el escritorio.

Eva no soportó más y poniéndose en pie le dijo de manera enérgica que no le gritara más, que merecía respeto y que ya era suficiente de estarla molestando, sacándole a relucir su acoso sexual.

—Es usted una atrevida y no cumple con su trabajo, pase a mi oficina ¡Está despedida!

—Esto no se va a quedar así, esto es acoso le expresó Eva. Lo voy a demandar.

—Pase por su liquidación, se le pagará todo lo de ley y un poco más, pero no la quiero ver más por aquí.

Cuando los gritos terminaron, un silencio desolador quedó en aquel lugar. Al poco rato Eva salió, cargando una caja con unas cuantas cosas personales y en su espalda un problema más para su vida.

Dicen que esa tarde don David tramitó su jubilación.

Audio 3:40
Acoso Laboral

Las deudas y recibos se acumulaban, pero estaba tan deprimida que quiso ir a comprar y armarse un guardarropa nuevo. Se dice que comprar, mover muebles, cambiar de ambiente, o cambiar la apariencia personal, te ayudan a aclarar los pensamientos. O por lo menos ese es el pretexto.

Nunca se había visto con tanto dinero junto. Don David había sido muy generoso con su liquidación. Se podría mencionar que había un poco de preferencia en medio de su dolor para que ella no se sintiera en apuros hasta encontrar un nuevo trabajo.

Compró suficiente ropa y zapatos, se contempló como una persona superficial. Estaba llena de cosas, no obstante, vacía por dentro. Tenía con que arreglar su cuerpo, sin embargo, llevaba vacía el alma. Sentía su vida tan vacía que quiso llenarla de cosas.

Tomó un respiro, quiso parar un rato. Bebió un café, miró su celular y envió un mensaje a Rigo. Cuando ya lo había hecho se arrepintió y quiso borrarlo, pero la tecnología nos vuelve viciosos y él parecía tener su teléfono en las manos en ese momento.

¿Cuántas veces estamos frente al teléfono y dudamos en escribir?, ¿Cuántas veces escribimos un mensaje y luego nos arrepentimos de haberlo hecho?

La duda, el temor, la sensación incierta de saber que te pueden o no contestar. Sonó el teléfono. Era él. Cruzaron algunas palabras y parecía estar cerca del lugar, así que acordaron verse y hablar un rato.

Romper el silencio, alivia el alma. Poder hablar y que alguien te escuche es necesario. No hay peor castigo que tenerse que guardar el dolor para uno mismo. A veces quieres gritar y sacar así todo lo que tu corazón guarda. Pero también es cierto que no hay nada más peligroso que abrir los sentimientos con quien no debes.

Rigo era un hombre precavido, sabía que tenía el camino libre, pero iba a jugar sus cartas con inteligencia. Era un hombre ocupado, no obstante, lo que más se valora en una persona es el tiempo que puede tener para ti cuando más lo necesitas. Las conversaciones hicieron que el calendario se volviera más liviano. Cada vez más fluido, con cada momento, más interés.

Eva nunca había sido de ese tipo de mujeres que buscan llamar la atención de un hombre. A ella le bastaba con ser natural, simple, desprevenida. Pero, con él le pasaban muchas cosas por la cabeza. Tenía la necesidad de lucirse ante él. Buscaba la forma de sentirse linda, sexy, deseada. Ahora le agradaba, mostraba seducción, ver en él esa mirada de deseo, sentir su piel temblar cuando la tocaba con roce suaves.

Ella quería dar el siguiente paso. Estaba harta de hacer lo que los demás quieren. Ignacio no salía de su cabeza y menos de su corazón, pero debía hacer que desapareciera de su vida. Cambiar de ambiente, cambiar de amigos, cambiar la manera en cómo se piensa o se siente, ayudan a dar un giro a nuestras vidas.

Los días pasaron.

Para ella las cosas parecían estar a su favor, tenía un nuevo trabajo, mejoró su economía y sin lugar a duda podía sentirse viva. Rigo tenía mucho que ver con ese cambio. No estaba exactamente enamorada de él, sin embargo, era un excelente candidato para olvidar a su exnovio.

Ya no deseaba esperar más. Besó a Rigo y con palabras entre cortadas le pidió que la llevara a su casa. Era una mujer adulta, económicamente estable, o por lo menos podía mantenerse y llegar viva a fin de mes. Subieron al auto, recorrieron ese camino con complicidad. Llegada la noche y en aquel lugar hermoso la magia del momento encendió la mujer y apagó la niña.

Lo besó, pero esta vez era la pasión la que hablaba. Todo él la enloquecía. Quiso entregar su cuerpo y seguramente perder su alma. Anhelaba tener sexo, experimentar cosas, cambiar la rutina que la mataba, ser como los demás. Permitió que le quitara la ropa y le ensuciara el alma. ¿Y si era un error? Correría el riesgo. A veces hay errores que vale la pena cometer.

Pensó en Ignacio y por un momento intentó detenerse. Ignacio había sido su amor de siempre y aun si lo veía de nuevo estaba segura de que sentiría muchas cosas por él. No lo odiaba, solo le dolía mucho su traición. No es fácil dejar de querer. No es fácil terminar con un gran amor. No es fácil aceptar que ya nunca más.

Rigo la besaba y aunque estaba con él en cuerpo, tenía su corazón muy lejos de ahí. Quiso dar un paso atrás, pero ese escalofrío que recorría su cuerpo no se lo permitió.

Pasadas las horas se sintió extraña. Era una mezcla de sentimientos entre la culpa y el deseo de volver a vivir el momento. Al despertar en sus brazos se sintió dichosa. Lo miró dormir, era tan perfecto, sensual y tierno. Aprendió que el hombre debe ser admirado y amado. Son criaturas divinas que se tornan fuertes, que dejan notar su temple disfrazado en muchas cosas. Pero al final son frágiles, deseosos de ser deseados, ansiosos por sentir que otra persona quiera y necesite estar a su lado.

Eva se miró a sí misma, su piel morena desnuda, había sido suya, sin embargo, su mente y corazón no. Tomó su ropa e intentó escapar. Quería hacerlo sin que él lo notara, pero en cuanto quiso abandonar la cama, su sonrisa perfecta y sus brazos fuertes la volvieron frágil de nuevo y no supo cómo cruzar la puerta.

Entre el vaivén de emociones no le había quedado tiempo de ir a casa de su tía a cambiarse de ropa, así que optó por ponerse nuevamente el vestido del día anterior. Cuando Rigo la miró, le pidió que por favor no saliera así.

—Déjame ver. Tengo algunas cosas guardadas y creo que hay algo de tu talla. Luego, le trajo un hermoso atuendo en color azul. ¡Vaya sorpresa!, se dijo. No tenía tiempo para analizar los detalles, era tarde, así que solo se cambió y se fue. A ella le parecía extraño, pero no quiso preguntar. Tenía que aprender a ser más despreocupada.

Había pensado darse tiempo para sí misma, pero ahí estaba de nuevo, comenzando algo. Aún no sabía que era todo eso que le sucedía, pero Rigo, más que su amante, era su amigo, su confidente, su consejero. Además, le estaba dando cosas materiales que nunca había logrado tener.

No era lo material lo que la deslumbraba, pero tampoco era algo que le desagradara y cuando tienes un mundo totalmente distinto al que has conocido toda tu vida terminas nublando tu mente. Con Rigo podía hablar de todo. Puso su vida entera en sus manos. No había secreto o detalle que él no conociera de ella. Ciertamente algunas personas tienen esa necesidad. Hablar de más, pedir consejo, escuchar antes de actuar, contar su vida. Es como una falsa necesidad de ser aceptado. De ser importante para alguien más.

Algunos meses de encuentros clandestinos habían pasado y decidieron dar un paso más en aquella relación extraña.

Ese deseo que tenía de niña por vivir en matrimonio no estaba dentro de los planes de Rigo, por ello irse a vivir con él, era la mejor decisión. Había perdido las ilusiones el día que vio a Ignacio con otra. Dejó atrás los valores que una vez sintió tener. Cambio su inocencia por cosas que todo el mundo hace.

La familia de Eva no estaba de acuerdo en la forma en que vivía esa relación, pero a fin de cuentas era su vida y al mirarla con él, parecían ser una pareja feliz. No había problemas ni discusión de nada. Cada uno complementaba lo que al otro le faltaba. Reía como antes no lo hacía y cuando uno encuentra una persona que le hace tan feliz ¿Qué más da jugarse todo?

Rigo era dueño de una empresa grande de bienes raíces. Pasaba gran parte del tiempo viajando y cuando estaba en casa se encerraba en un cuarto para poder trabajar. En ocasiones lo visitaban personas extrañas, pero nunca se debe juzgar. Trabajo es trabajo.

Tenía una casa enorme con un toque místico y la elegancia en cada lugar. Muchas habitaciones, cada una perfectamente decorada y en una de ellas cajones con algunas cosas de mujer. Ese misterio le comía los nervios a Eva, pero no quería hablar del pasado. Todas las personas tenemos algo que nos ha marcado la vida. A veces guardamos recuerdos físicos, otras guardamos memorias.

Él había sido maravilloso en todo, sin embargo, nunca hablaba de su vida. Ella no sabía de su pasado, ni de su familia. Mirar las cajas, la ropa, zapatos y otras cosas de mujer era misterioso.

Algunos detalles y toda aquella obsesión que Rigo tenía por mantener el orden y el aseo en todo la volvían loca. Un día pudo más la curiosidad que la prudencia.

— Dime ¿De quién son todas las cosas que guardas con recelo en una de las habitaciones? Si gustas puedo tirarlas o ponerlas en otro lugar. No es que necesite el espacio, la casa es grande, pero se me hace extraño ver todo eso ahí.

Rigo cambió la expresión. Se puso de pie, miró hacia la ventana, guardó silencio. Con las manos en la bolsa de su pantalón, esperó unos instantes antes de contestar.

—Sabes Eva, no siempre he sido un hombre solitario. Mi familia no vive en este país. Por los negocios decidí quedarme por acá. Hace algunos años pensé en formar una familia con alguien más. Ella era perfecta, teníamos muchos planes. Esta casa sería nuestra, pero un día enfermó de gravedad y vi como su vida comenzó a desaparecer frente a mis ojos. Muchos médicos, muchas consultas. Nadie logró ayudar. ¡Quedé solo! Creí que nunca más sería capaz de enamorarme de nuevo hasta que llegaste tú. Cuando te conocí, supe que tenías algo especial. Por eso te seguí, hasta que te dieras cuenta lo maravilloso que soy. Jajaja.

Y respondiendo a tu pregunta: la ropa, los zapatos, todas las cosas que ella tenía en esta casa antes de morir, aún estaban en el mismo lugar, por eso te di ese vestido la otra mañana. Sí quieres tirarlas, puedes hacerlo. Yo no me he atrevido.

Eva lo miró y se acercó para poder abrazarlo. Acarició su pelo. ¡Cuánto debiste sufrir!

Ese día Eva decidió sellar las cajas y dejarlas ahí, en ese mismo lugar.

Cinco años felices transcurrieron en su vida. Un hombre que te da tanto cariño y que te trata como una reina, es digno de tu amor y tu confianza. Eva nunca se había preocupado en visitarle en su trabajo, ni tampoco conocía a ninguno de sus compañeros. Él era encantador, pero ciertamente muy reservado.

Algunas noches Eva trabajaba impartiendo clases en una universidad. Había querido ocupar su tiempo para no sentirse sola cuando él no estaba. Fue allí donde conoció a Karolin, una muchacha sencilla, y algo torpe y descuidada en su apariencia personal.

Cierto día, Karolin dejó su computadora personal en el aula en donde acababa de recibir su clase. Eva tenía la costumbre de inspeccionar su salón al terminar. Al encontrar el aparato, optó por guardarlo hasta que alguien llegara por él. Mientras la guardaba en su bolso, se le hizo raro ver en la máquina las iniciales KYR grabadas en una placa. Alguna de las pertenencias privadas de Rigo tenía esas mismas iniciales y el mismo tipo de placa. -Son las coincidencias que a veces suceden, - Se dijo.

Luego de apagar las luces y cerrar la puerta, Eva se dirigió a su auto. Tras ella, una mujer corría en medio de la noche.

Cuando por fin se detuvieron a la luz de una lámpara, pudo identificar a una de sus estudiantes, quien casi sin aliento preguntaba:

—Disculpe profesora. Dejé mi computadora en su clase y quería saber si usted la había encontrado.

Eva le miró y le dijo:

— ¿Cómo estoy segura de que es suya?

—En la tapa inferior tiene escritas las letras KYR, no significan nada importante, son tonterías que hace algún tiempo me apasionaba poner a todas mis cosas, pero creo que ninguna otra persona debe tener una igual con esas marcas.

—Es prueba suficiente, le dijo sonriendo, mientras se la entregaba.

—Debes ser más cuidadosa, sé que tienes mil cosas por hacer y no quieres perder tu curso por un descuido como este.

—Gracias, trataré de ser más cuidadosa.

Después de ese día, entre una y otra conversación, Karolin y Eva comenzaron a intercambiar puntos de vista más profesionales y personales.

Como era costumbre, Rigo había salido de gira de negocios. Aprovechando un fin de semana largo, Eva viajó para visitar a su familia. Tenía mucho de no hablar con ellos y los extrañaba.

Fue muy hermoso regresar y toparse con tantos recuerdos. En el pueblo todo estaba igual. Las calles sencillas, la gente amable, los vecinos de siempre.

Miró la casa de Ignacio vacía. Hace mucho se había mudado a otro lugar. Recordó la última vez que estuvo por ahí. Continúo avanzando, llegó a la casa de su madre. Su habitación seguía igual, como si la estuviera esperando. Miró por su ventana, muchos recuerdos pasaron por su mente.

La cena sencillamente deliciosa. Comer de lo que preparan las madres es un milagro en esta tierra.

—¿Cómo va todo con Rigo? Preguntó su madre.

—De maravilla, ¿por qué la pregunta?

—Me alegro por ti. Pero me preocupan ciertas coas que uno escucha en el pueblo.

—¿Cosas?, ¿qué tipo de cosas?

—Verás hija, cuando empezaste a salir con ese muchacho, conversé con Lalo. Sé que Rigo te hace feliz, no obstante, carecemos de información, no sabemos nada de su familia. Siempre ha sido un hombre solo. El punto es que he Lalo es su único conocido. Recuerdas que lo conociste en su boda y por supuesto no era conocido de Margarita, sino nosotros también lo hubiésemos conocido de antes, sabes que ella es como de la familia. Así que por eso le pregunté a Lalo y él mismo dice que lo trató pocas veces cuando lo conoció en su trabajo y por eso lo había invitado a la boda. Lalo en realidad no sabe nada de él, eso me preocupa.

—Mamá, no tienes de que preocuparte, él vive muy ocupado en su trabajo y cuando no está ahí, está en casa conmigo. Ya has podido ver que en estos cinco años que tenemos de estar juntos nada me falta, él ha sido maravilloso conmigo.

—Sí tú lo dices hija, te creo, pero ten cuidado. A veces las madres sentimos cosas que terminan por suceder.

—Te amo mucha mamá. Tendré cuidado. No te preocupes más, todo seguirá bien.

Cuando el invierno comenzó ese año, Rigo se notaba más distraído de lo normal. Era amable, pero se notaba irritado, como si algo le preocupara.

—Dime, ¿qué tienes?, ¿acaso ya no confías en mí? Le dijo ella mientras se sentaba en sus regazos.

—Últimamente los negocios no marchan bien. Le mencionó. Tengo que pagar una fuerte suma de dinero a unas personas. Los contratos que tengo no me están dejando mayor ganancia. Creo que voy a tener que vender algunas de nuestras cosas personales.

Me apena mencionártelo, pero necesito tu apoyo moral y económico para hacerle frente a esta crisis. Tú tienes un trabajo estable y puedes solicitar un préstamo para ayudarme un poco, pero sí no quieres o no puedes, no te preocupes, yo te entiendo.

—No digas eso Amor, yo siempre estaré para ti. Tú has sido demasiado espléndido conmigo, ¡Cómo no he de ayudarte ahora que me necesitas! Ya verás, juntos saldremos de esto. Eva firmó varios documentos de forma automática, sin leer, sin revisar, simplemente confiaba en él y sabía que necesitaba de su ayuda.

Después de ese día, la convivencia íntima se hizo cada vez más escasa. Las llegadas a casa comenzaron a darse a altas horas de la madrugada y su presentación personal que antes era tan pulcra, comenzó a deteriorarse.

En definitiva, algo no andaba bien, se le notaba reflejado en el rostro. Lentamente, la confianza comenzó a desaparecer entre la pareja. Hablaban poco y él parecía andar siempre de mal humor.

La inseguridad de Eva crecía y los viejos temores del pasado regresaron a su vida. ¿Qué pasaba?, ¿Por qué no se lo decía?

Una madruga salió de viaje, como siempre. Llevaba más cosas que las otras veces que viajó. Un beso en la frente y un abrazo extraño.

Tres días habían pasado desde que salió. Esta vez no hubo llamadas. Debía llegar esa noche. Tengo que hablar con él, pensó...

Esa noche en especial Eva deseaba llegar temprano a casa. Debían hablar. Buscó una ruta con menos tránsito. Recordó esa calle que detestaba, pero que le ayudaría a acortar su camino. Avanzó en su auto. La ciudad cada vez está peor, aún por ese lugar el tráfico era lento.

Un loco de la calle saltó al frente de su carro. Aseguró rápidamente sus ventanas y puertas. El tipo seguía mirando con amenaza e intensión de asalto. Los carros no se movían, su corazón se aceleró aún más.

Justo en ese momento apareció de la nada ella, la Pelona. Hace mucho que no la veía, no obstante, era un personaje imposible de olvidar. Con gritos de mujer de calle formó una discusión entre el tipo y otros dos que se acercaron. Gestos, ademanes, insultos y golpes entre ellos, lograron fuerte tensión. Los carros avanzaron lentamente. El tipo mal encarado maldecía a la Pelona y señalaba el carro de Eva.

—¡A esta no me la tocan!

Seguida por un sentimiento de confianza hacia ella, bajó el vidrio, ella se acercó.

—¿No me le paso nada? Esos tipos son unos necios. Tiene suerte que yo estuviera por acá, si no le habrían tirado una piedra en el vidrio y no la pasaría nada bien.

No crea que se me ha olvidado el favor del otro día.
La presa de este montón de carros me dio tiempo de verla. Usted es muy bonita y yo la reconocería en cualquier parte. Usted tranquila que yo la cuido.

—Tenía mucho de no verte. Te he buscado para darte algunas cosas. Mañana espérame por estas calles y te traeré algo de comer y vestir.

La Pelona extendió su mano en señal de cerrar el trato.

Eva era una mujer elegante por fuera, pero con un corazón muy sencillo por dentro. Así que le pareció descortés no contestar el pacto de manos.

—Aquí la espero. Y se marchó caminando, tarareando una canción feliz.

La presa de autos se movía y Eva siguió el camino.

Mientras preparaba la cena, alguien llamó a la puerta. Cuando abrió se sorprendió de ver una pareja con un par de niños junto a muchas maletas. Parecía que el taxi del que sacaban las cosas pertenecía a algún aeropuerto. No sabía quiénes eran, deben estar equivocados de dirección.

—¿Les puedo ayudar en algo?

—Hola linda, imagino que debes ser la empleada que Rigo dejó para cuidar la casa. Yo soy Aurora, la dueña.

Una sensación de mareo la invadió al momento. ¿Qué estaba diciendo esa mujer?, esa era la casa de Rigo, ella su mujer, ¿cómo así que la dueña?, ¿habría vendido la casa por los problemas económicos que tenía y no le había mencionado nada?

¡No!, era demasiada locura pensar eso.

Llovía fuerte y aunque no es correcto dejar pasar extraños, esas personas tenían dos niños pequeños y estaban visiblemente cansados. Los invitó a pasar.

—Debe existir una confusión, yo vivo aquí, es mi casa, les dijo.

—Creó que no nos estamos entendiendo expresó Aurora. Lástima que Rigo renunció antes de que nosotros llegáramos. Seguramente no te contó las cosas como eran, ese muchacho tiene una gran imaginación y por eso estás confundida. Déjame y traigo los documentos de mi casa, los tengo en mi caja fuerte.

Aurora se levantó y se dirigió al cuarto de estudio. Allí cumplió lo que había mencionado.

—Rigo y su madre han sido mis empleados por muchos años y cuando nos mudamos a España ellos se quedaron a cuidar la casa y nuestras otras propiedades. Ya he terminado mi maestría y por eso regresamos, queremos que los niños crezcan cerca de la familia.

Lágrimas de dolor y coraje corrieron por el rostro de Eva. Estaba desconcertada, humillada y desorientada, no entendía nada de lo que le hablaban. Lo que bien era cierto, es que él no había llegado ese día, ni tampoco había llamado.

¿Su madre? Pensó.

—Él me dijo que ya falleció.

—No, no. Ella está viva y trabaja para nosotros. De hecho, debe estar en otra de nuestras casas. Rigo nos mención que iría a visitarla y que después se marcharía del país. Renunció hace algunos días.

Eva sintió que el mundo se le venía encima. ¡Tenía que hablar con él! La cabeza y el corazón estaban en llamas.

Después que la pareja pudo instalarse mejor y dormir a los niños, se sentaron en la amplia y elegante sala nuevamente para poder seguir hablando y ella les explicó su parte de la historia. Así es que la ropa, los muebles, los cuadros de buen gusto, todo y cuanto esa casa contenía no eran suyos. Tampoco la historia de la vida perfecta que le había contado. ¿Por qué le había mentido?, ¿quién era él?, ¿cómo hacía para mantener la vida que llevaba?

Él nunca escatimó en gastos y eso no lo podría costear con el salario que le pagaban por cuidar una casa. Eran muchas las preguntas en su mente y ninguna la respuesta.

Entre varias tazas de café las horas seguían pasando y Rigo no aparecía. Aurora ya se lo había dicho, había renunciado, no iba a volver, pero Eva se negaba a creerlo.

Sola en su cuarto comenzó a empacar sus cosas, mientras sentía que se le acababa la vida. Pasó la noche en ese lugar. Los legítimos dueños le pidieron que tomara todo el tiempo necesario para aclarar y organizar su vida, sin embargo, ella no quería esperar, se iría cuando la mañana llegara. La frialdad de la cama vacía le helaba el cuerpo y cuando la madrugada se acababa miró por la ventana con esas miradas que dejan ver el vacío que queda cuando un amor se acaba, cuando la traición llega, cuando el alma estalla.

Había llorado toda la noche. Y en su cabeza mil preguntas. A la mañana siguiente. Cuando terminaba de meter las últimas maletas en su auto, apareció la chica de las clases de la tarde. Se paró muy seria delante de ella y le dijo que necesita hablar.

—Ahora no puedo Karolin, llevo prisa. Cualquier cosa de la clase la aclaramos luego.

—No es sobre la clase, le mencionó. Es sobre Rigo.

—¿Qué relacionaba a la chica con su Rigo?, ¿qué más podría pasar? Pidió un espacio a la gentil Aurora para poder hablar con Karolin en el jardín.

—¿Qué es lo que tú sabes de Rigo?, ¿de dónde lo conoces?, ¿por qué hasta ahora lo mencionas?

—Hasta hace poco me enteré de la relación que ustedes tienen. Yo tuve una relación muy seria con él.

—Con qué ahora tengo los celos de una exnovia. Pensó.

—No, no me malinterprete dijo Karolin.

—Solo quiero contarle mi historia, tal vez le aclare muchas dudas que ahora tenga. Probablemente, él le habló de su futura esposa. No sé si mencionó mi nombre, pero yo estuve a pocos días de atar mi vida a ese ladrón.

Un silencio breve invadió a las dos mujeres, Eva comenzó a sentir un escalofrío de miedo por su cuerpo.

¿Quién era él?

Recordó cuando le había contado de su futura esposa y su muerte. Eres una muerta según lo que él me dijo de ti.

No me sorprende, afirmó Karolin.

—Necesito contarle todo, no me interrumpa más por favor. Se notaba tensa y el rubor se hacía notar en su cara. Lo conocí hace tiempo cuando trabajaba en una oficina del gobierno en la ciudad. Me pareció una persona muy agradable y entre una cosa y otra nos fuimos "enamorando". Ni él ni yo tenemos dinero, somos dos personas comunes. Pero habíamos juntado con mucho esfuerzo una cantidad considerable para construir nuestra casa. Sería el inicio de toda una vida juntos. Todo lo que yo tenía se lo di: mis ahorros, un préstamo para la casa que había yo sacado en mi trabajo, un dinero que mi papá nos había donado y un día sin ninguna explicación simplemente se desapareció. Me quedé sin ahorros y presa de una enorme deuda, que quizá me tomará toda la vida pagar. La ilusión me cegó y él siempre me apoyaba mientras mi mano sostenía la pluma que firmaría mi ruina.

—Puedo decir que luego de varios años pude retomar mis estudios gracias a mi familia, que me ayudó. Lo busqué por mucho tiempo, entre sus conocidos y visité mil veces la pensión en la que vivía. Nunca me dieron razón de él, parecía como si la tierra se lo hubiera tragado. Yo nunca he estado enferma, ni de gripe siquiera, así es que el hecho de que me haya matado con esa historia me deja mucho que pensar de su estado emocional. Él tiene una facilidad impresionante de enredar las historias. Aún hoy, no sé cómo hace para montar mentira tras mentira y mantenerla viva.

Le repito, cuando la conocí, sentí, un cariño especial por usted y una gran admiración, por la forma en que se entregabas a dar sus clases. Por eso un día, que tenía una duda sobre un trabajo, decidí llamar al número que nos había dado. Cuando llamé, usted no estaba disponible supongo, porque fue él quien contesto el teléfono. Escuché su voz, mi corazón se estrechó y estalló en una terrible indignación que me llevó a colgar y buscar la dirección de su casa. Tenía que estar segura, saber si era él. Lo vigilé y cada mañana le vi salir de esta casa, siempre tan elegante y apuesto como el día que le vi por primera vez. Y luego la contemplé, despidiéndose con un amor tan ciego, que me indicó que no sabía la clase de rata que tenía al lado.

Eva sintió un fuerte dolor en su pecho. Miedo, mucho miedo en ese momento. Principalmente, porque no sabía nada de él desde hace días. Pensó entonces en el dinero que le había dado para su negocio, los papeles que le había firmado recordaron que nunca había ido a visitarlo a su trabajo para comprobar que lo tuviera, no conocía a nadie de su familia.

Guiada por un impulso miró en su bolso, sacó las tarjetas y comenzó a marcar con su teléfono las claves y revisar las cuentas.

¡No había nada!, ¡no tenía dinero! Estaba en la ruina.

Luego verificó en el banco. No era un préstamo, sino varios, los que tenía a su nombre y sus ahorros habían desaparecido todos. Todo había sido una mentira. Su trabajo, su casa, su vida.

¿Lo que había vivido con ella era una mentira también?

Audio 5:13
Traición

Eva se había mudado a casa de su madre, faltó al trabajo por varios días. Estaba enferma, no hablaba, ni comía. Javier su amigo de infancia estaba al pendiente de ella. Fue él quien intercedió en su trabajo para que no la despidieran y explicó su situación para buscarle un permiso. Ella debía volver, no podía seguir perdiendo más cosas en su vida. Pero el problema era serio, ya estaba siendo consumida por una terrible depresión. Se estaba muriendo. Su familia en pleno ya no sabía cómo ayudar. Tenía la mirada vacía. Y la mente secuestrada.

Muerte, ¿Por qué todos te huyen?,

Muerte, ven y llévame junto a ti.

Tiende tus brazos y alivia mis males,

Muerte te necesito aquí.

Salió a la calle cuando aún no salía el sol. Caminó sin rumbo. Recordó a Ignacio y su traición, la muerte de su padre, las crisis de dinero y el miedo de dar un paso en falso. Los valores que perdió. Lo que quería para su vida. Todo lo que tenía y era valioso simplemente es esfumaba. Su vida había dado tantas vueltas y siempre llegaba al mismo lugar. Un lugar en donde no hay felicidad completa, un punto en donde confiaba y era burlada. Un sitio en donde no se miraba la luz.

¿Por qué soy tan tonta?, ¿por qué creo en que puede alguien amarme de manera real?

Ignacio había sido su mayor angustia por varios años. Ella en más de una ocasión le había rescatado de alguna cantina. Perdido en el alcohol. Ahogado en su vicio. Le aguantaba todo, incluso su forma de manipularla y hacerla un títere de su voluntad. Pero ni siquiera el día en que descubrió con sus propios ojos la traición que por mucho tiempo había estado viviendo, le había dolido tanto como saber que la persona con la que compartía su cama, sus secretos y toda su vida, le mentía de forma tan vil. Enredado en quién sabe qué cosas, creando todos los días una nueva historia y perfeccionándola tanto que era imposible dejar de creer.

Una doble vida que escapa a la razón, una vida que se inventó por aparentar ser alguien más. Y es que así vive mucha gente, buscando la manera de llamar la atención. Implorando aceptación con cuerpos perfectos o comprando la amistad con dinero. Con lo fácil que, es decir, ¡este soy!, ¡esto tengo!, ¡esto doy!

Eva estaba decidida. No quería vivir más. Llevaba un cuchillo y lo colocó cerca de sus muñecas. El frío de la hoja al tocar su piel, la hizo pensar si sería una muerte rápida o si sufriría mucho.

Nunca le había gustado el olor de la sangre. ¿Qué tal si la encontraban?, ¿qué tal si era su madre la que se llevaba esa terrible impresión de verla ensangrentada? ¿Y si no muero? Retiró el cuchillo.

Buscó unas pastillas que llevaba en el bolsillo de su camisón, pero sabía que la mañana traería personas buscándola y la llevarían al médico. Este le practicaría mil maniobras y le salvaría la vida. El veneno era ideal, pero no lo había pensado antes y no quería regresar a casa a buscar. Alguien la podía disuadir de su idea.

Morir con una cuerda al cuello o tirársele a un auto no eran opciones. Quería una muerte más digna. Mil cosas siniestras pasaron por su mente. Pero, se sentía tan cobarde e inútil que ni siquiera tenía valor para decidir cómo iba a morir.

Había planeado su muerte, sin embargo, no la tenía decidida.

Dejó su cama arreglada y sus pertenecías más amadas con una nota en donde indicaba cuáles eran las personas que deseaba que las conservaran, ante todo tenía que dejar una buena imagen, por lo menos en el orden de su habitación.

Su infancia era el mejor recuerdo que tenía, jugando entre muñecas y disfraces. Recordó a su padre contándole historias por las noches y cada mañana en que con amor la despertaban para ir a estudiar. Secó algunas lágrimas que habían comenzado a rodar por su cara. Releyó en su mente la carta que había dejado.

Toda su ropa se la dejaba a su hermana. Su espejo era un regalo muy querido que su padre le había dado y quiso devolvérselo a su madre. Sus libros estaban seguros. Serían bien aprovechados por su hermano y por lo demás, lo poco que le quedaba, no le importaba, que hicieran con ello lo que mejor les pareciera. Ya no quería soportar más dolor, más burla, más mentiras.

Le dolía dejar a su madre.

Se preguntaba ¿Quién le reemplazaría en la universidad? ¿A quiénes le importaría su muerte? Y ¿quiénes estarían en su funeral?

Debe ser bonito saber lo que la gente piensa de uno después de que muere, se dijo.

Apretó el paso y cada vez se sentía más convencida de que morir sería lo mejor que le pasaría en la vida. Además, el dolor o la ausencia que uno deje no durarán siempre. En el trabajo somos solo un número. Será un par de días y ya alguien reemplazará tu lugar. Tomarán tus cosas y las tirarán a la basura. Tu familia, te llorará unos días y después colgarán una foto tuya en la que sonríes. Cada año te llevarán flores al cementerio y el dolor será solamente un recuerdo. Tu cuerpo será comido por gusanos y la caja en la que te enterraron albergará únicamente un puño de huesos. Nada más nuestra alma se libera cuando por fin se despegue de nuestro cuerpo. Lo único cierto es que el alma depende de nuestras acciones aquí en la tierra y serán esas acciones las que marquen ese último viaje al cielo o al infierno, o por lo menos eso es lo que su religión le había enseñado.

Y entre tanto vagar y vagar se vio frente a un puente. Había pasado la mitad de esa mañana pensando cómo irse de este mundo. En su pueblo abundaban los cafetales y había caminado sin rumbo por esos lugares. Tenía hambre, sed, calor.

Por fin llegó a un punto que le pareció perfecto. Ahí todo terminaría. Estaba decidido. La altura y las condiciones del lugar harían que fuera un solo momento. La cantidad de piedras en el río se encargarían de golpearla sin compasión y después el agua arrancaría su último suspiro.

Metió de nuevo la mano en el bolsillo de la chaqueta que llevaba puesta. Allí había una serie de instrucciones de como quería su entierro. Por lo menos en algo quiero poder ser complacida, pensó.

En el suelo miró una bolsita, la tomó y cuidadosamente depositó el papel para que no se le mojara. No quería que nadie la mirara, así es que pidió que sellaran su ataúd. Deseaba un féretro de madera nada ostentoso, simplemente madera, pues según decía, los ataúdes de otro material le daban miedo, había visto algunos forrados en peluche y eso le provocaba terror.

Se sintió extraña de pensar en eso; si moría ya no sentiría nada, pero le asustaba pensar en la oscuridad, en el olor que tienen los muertos, en ese extraño aroma que expiden las flores sobre el ataúd. Quería, además, que una gran alfombra roja, rodeara la entrada del templo y que la música fuera desgarradora, para que muchos lloraran, pues eso es lo que la gente hace en los funerales y entre sus últimas voluntades pedía que todo pasara muy rápido. Tomó aire, miró alrededor, estaba sola.

El puente quedaba alejado del pueblo, seguramente tardarían horas o días buscándola, subió a la baranda. Tenía que actuar de prisa antes de que se arrepintiera. Se colocó de espaldas al abismo, pero se sintió incómoda con aquella posición, así es que despacio giró su cuerpo y se sintió mejor. Sería bueno ver como caía. Pensó. La muerte no tiene por qué ser nada complicada. Simplemente, se lanzaría al vacío.

Ya del otro lado de la baranda todo se podía mirar hasta hermoso. Pronto se liberaría de tanto problema y dolor, pero ¿qué pasaría con su alma? Le esperaba un largo recorrido en el purgatorio pensaba. No obstante, estaba convencida de que iba a sufrir menos de lo que en la tierra estaba penando. Además, su madre rezaba mucho y algún día iba a lograr con sus oraciones liberarla y su alma por fin llegaría al cielo. Se soltó de un brazo, extendió una pierna y cuando ya se disponía a soltarse por completo, un fuerte jalón en su cintura la tiró de nuevo al suelo.

¿Qué pasaba?, ¿quién se atrevía, a cortar ese momento de éxtasis que estaba por terminar? Enloquecida miró alrededor. Ahí estaba Javier, su amigo de infancia. Dios que es grande y misericordioso lo había puesto muy temprano a mirar por la ventana y al verla pasar en tan mal estado decidió seguirla y esperar a distancia.
—¡Así no acaba esto!, le gritó.

Ella trataba de soltarse y terminar su cometido, pero no podía evadir los fuertes brazos que la sujetaban, tuvo que ceder exhausta y derrotada una vez más por un hombre. A rastras la sacó de aquel lugar.

Al poco rato algunos curiosos se habían acercado y las sirenas de la ambulancia próxima al sitio anunciaban su llegada. Javier la acompañó hasta que su familia logró llegar. Todos estaban locos buscándola. Eva habría logrado su objetivo si él no la hubiese seguido hasta ese lugar.

¡Las cosas no acaban así!, recordó la voz que le gritaba, mientras la ambulancia la trasladaba al hospital.

**Video 3:45
Suicidio**

Sedada y llena de cuerdas que la sujetaban, pasó el tiempo necesario.

Su problema era serio, así que necesitó varios días y mucho apoyo para poder salir de algo tan fuerte.

La depresión no distingue sexo, ni edad, condición social o color. Llega y se mete dentro de nuestras vidas y se apodera de nuestros más terribles miedos y los hace realidad. Busca en nuestras debilidades y nos hace creer que no hay salida. Alguien con depresión no acepta, no considera, no encuentra.

Eva era sin duda una mujer fuerte, pero se quebró. Solo una fuerza oculta en lo más profundo de sí la hizo regresar. Ella debía aprender a perdonar aún por encima del dolor para poder seguir adelante. Su corazón y su alma estaban muy lastimados y cuando alguien siente que su vida ha sido pisoteada por otra persona y su ser no quiere seguir, es necesario purificar todo lo que ya ha sido dañado.

Existen terapias y consejos de varios especialistas, pero solo cuando el corazón empieza a luchar es cuando se puede escuchar y entender. Cuando por fin fue dada de alta en el hospital, no se sentía segura de poder retomar su vida, no obstante, la forma en que su familia y en especial su madre, habían estado con ella, acompañándola día a día en su sanación, le dio un soplo de esperanza para volver a casa. Retomar la vida cuando se creyó morir no es sencillo. Volver a la calle, llegar al trabajo, reiniciar la rutina, mirar la gente, son pasos que se vuelven grandes cuando has vivido una experiencia así.

Desde lo ocurrido no había hablado con Javier, sentía vergüenza. Sabía que tenía que hablar con él y agradecer su "jalón a la vida". Marcó su número, pero cuando escuchó su voz, pensó en colgar. Fue valiente, no lo hizo. Esperó temblando de miedo y solo pudo decir: Gracias. Soy Eva.

Esa palabra tan pequeña, alberga tanto. La usamos a menudo para congraciar con alguien que nos da algo como un café, un asiento en el autobús, un paso inesperado, un cumplido.

Dar las gracias con el corazón por un acto significativo es simplemente entregar un pedacito del él. Y el de Eva ya no tenía forma. Javier la escuchó. Soló eso era necesario, no reclamos, no sermones, solo eso, escuchar.

Javier la conocía, habían crecido juntos mientras jugaban por el campo. Era ese chiquillo pecoso de pantaloncillos cortos que vive con catarro toda la vida. Un chiquillo con características físicas distintas a la mayoría de las personas del pueblo. Su cabello rojo y sus ojos claros. Él era probablemente la persona que más la conocía. Había decidido guardar distancia para no entorpecer la "maravillosa relación" que tenía con Rigo. Él nunca sintió confianza por ese hombre, pero cuando una mujer está enamorada, decirle algo relacionado con el hombre que tiene metido en el corazón es como querer sacarle la sal al mar.

Javier no la juzgaba, solo la entendía. Se le partía el corazón cuando pensaba en el dolor que había pasado. Así que decidió estar nuevamente ahí. Ella necesitaba abrazarlo, llorar y simplemente avanzar al ritmo que su cuerpo y su corazón se lo permitieran. Allí estaría el tiempo necesario.

Video 4:27
El Perdón

La vida siguió su curso. Pasaron algunos años. Eva no quería saber más del amor, pero le aterraba la idea de estar sola. Es como si no se diera cuenta de que para ser feliz no necesitaba la compañía de ningún hombre en su vida. Tampoco quería hablar con nadie más del tema y decidió guardar para sí misma todo lo que sentía.

Javier, siempre le había demostrado un afecto especial desde que eran niños y ella disfrutaba de su compañía. Se divertía hablando con él. El amor de pareja simplemente ya no era opción para ella, así que antes de cualquier malentendido le había dejado en claro que únicamente quería su amistad.

Javier era de esas personas reservadas. Nunca se había casado y tampoco le conocía novia alguna. Un día en que caminaban por el pueblo, Javier decidió abrir un poco más su corazón. Tenía un secreto mayor y quería compartirlo con su amiga.

Avanzaron un poco más y se sentaron cerca del río. Mientras lanzaban algunas piedras, le dijo:

—Eva debes prometerme que no se lo contarás a nadie.

—¡Lo prometo! ¿Qué pasa?

—Sabes Eva. No soy el tradicional hombre conquistador. Ni mucho menos una persona que quiera buscar amor en otra igual que él. No tengo pareja, ni deseo tenerla. Soy una persona distinta. Soy asexual.

No es malo. Simplemente soy diferente a la mayoría. Y este término es poco conocido. Me siento cansado de los comentarios, de la búsqueda constante de mujeres por parte de mi familia. Quiero tener paz, vivir tranquilo y liberarme de una vez.

Siento que tengo miedo de hablar y de ser señalado como algo raro. Sabes cómo es la gente de este pueblo. Todo lo enredan, todo lo ven mal. "La asexualidad es la falta de atracción sexual hacia otra persona hombre o mujer". Las personas asexuales somos tranquilos, normales, simplemente no sentimos deseo sexual por nadie. Y este mundo tan lleno de relaciones pasajeras o duraderas que desembocan en ello, no entiende lo que es vivir de esta manera.

Eva era una persona preparada, sabía bien de lo que él le hablaba.

—Yo te puedo ayudar. ¡Casémonos!, dijo Eva.

—Creo que sigues sin entender Eva. No has escuchado nada de lo que te conté - Le replicó Javier. ¡Yo no quiero una relación! No voy a cumplir tus expectativas. Y por lo que me has contado estoy muy lejos de poder llenarlas.

—¡Cállate y escúchame! Claro que te entiendo. ¡Casémonos! Tú puedes vivir tranquilo conmigo y de una vez terminar con esto que te roba la calma. Tú y yo nos conocemos hace años y podemos vivir juntos como amigos. Yo de paso encontraré un compañero de vida. Sabes que tengo mil deudas por culpa de mi error con Rigo y no puedo pagar una casa sola y eso de vivir con mi mamá, ya me tiene medio loca, jajaja. Así se nos soluciona la vida a los dos. Juguemos a engañar a la gente.

Los ojos de Javier se iluminaron y con un choque de manos en lugar de un buen beso, cerraron el trato de su matrimonio.

¡Casemos y seamos felices!

Será nuestro secreto.

Eva había pasado ya un buen tiempo en el pueblo donde creció. No había visto a Ignacio. Él se había marchado y como era de esperar también había hecho su vida. Ya no le guardaba rencor, aunque estuvo muy enojada y decepcionada con él. nunca podría odiarlo.

Una tarde después de llegar del trabajo y mientras ordenaba la cocina, Eva escuchó las noticias. Una en especial captó su atención.

Unos narcotraficantes habían dejado con una terrible golpiza a uno de sus colaboradores. Según contaba, unos vecinos de la zona montañosa al sur del país habían encontrado a tres hombres atados de pies y manos, desnudos y bastante golpeados cerca de la carretera principal. Todos se encontraban a punto de hipotermia. La noche había sido muy fría y la cantidad de horas expuestos a la intemperie los tenía en condiciones deplorables. El país se había vuelto muy inseguro, se dijo. Y continúo lavando los trastos.

En ese momento escuchó el nombre de Rigo, dentro de la lista que el periodista leía. Su corazón se paralizó.

Dos años son mucho tiempo sin saber algo de una persona que ha formado parte de tu vida. En ese instante, era tan inesperada la forma en la que se enteraba de su paradero que, sintió como una punzada directa al corazón. Llamó a Javier, su amigo de infancia y su futuro esposo. Le contó lo sucedido.

Quería ponerse en contacto con varios hospitales hasta poder dar con Rigo. Necesitaba verlo, cerrar el ciclo.

Al llegar al hospital, sintió miedo. Esa habitación estaba custodiada de policías. Pero ella era la única persona que había preguntado por él, así que la dejaron pasar. La mitad de su cuerpo cubierto de vendajes, la otra con mil máquinas que le ayudaban a vivir.

Dormía. Ella se sentó a su lado. Algunos minutos pasaron, hasta que él se incorporó y al verla, no pudo ocultar el miedo que le inspiró que ella estuviera ahí.

—Vete Eva, no quiero que estés aquí.

—No Rigo, necesito terminar esto de una vez por todas. ¿Qué hice para merecer tu engaño?, ¿acaso no podías confiar en mí, para decirme lo que sucedía? O siempre planeaste todo y te burlaste de mí. No es justo. Dime ¿por qué me hiciste eso?

Cada vez los reclamos se intensificaban y el tono de voz fue en aumento, hasta lograr llamar la atención de una enfermera, que se acercó para decirle que, si no se calmaba, la tendrían que sacar del lugar.

Rigo se expresaba con dificultad, pues tenía varios golpes en su cara.

—Todo lo que me has expresado lo merezco. Pero por favor, nunca dudes cuanto yo te amé.

—¡Qué cínico que eres!

—Te amé tanto que me tuve que ir sin que lo supieras. Yo no he sido una buena persona, me he enredado con gente muy mala y mis decisiones no siempre fueron las mejores. Cuando las cosas empezaron a ponerse difíciles pensé en llevarte conmigo, sin embargo, eso sería un total riesgo para tu vida.

—Pero ¿por qué nunca me dijiste nada?, ¿por qué mentir?

—Lo intenté, ¡lo juro! Pero, un día, uno de esos tipos me dijo que, si no pagaba lo que les debía de la mercancía, me iban a perseguir y matarían a mi familia. Créeme, que el tiempo que pasé a tu lado ha sido lo único bueno que he tenido en mi vida. No podía estar junto a ti porque te harían daño y yo no quiero que eso suceda. Perdóname, pero, aunque yo quiera no puedo salir de la vida en la que me metí. Por favor, vete y olvida que un día me conociste.

—No te reconozco Rigo. Tú no tienes que mencionarme que me aleje de tu vida. Pues fuiste tú el que se fue de la mía. Claro que me voy. Nunca más me busques, esta vez te lo declaro yo a ti. Para mí fue muy difícil asimilar todo. Pero yo no puedo permitirme seguir pensando en que alguna parte de ti fuera buena. Me mentiste, jugaste con mis sentimientos y con mi vida. Me dejaste con una deuda interminable. ¡Que Dios te perdone, porque en realidad yo no sé cuándo pueda hacerlo!

Eva no quería verse débil ante él. Por eso, trató de mantener la compostura. Pero apenas hubo salido, corrió lejos del hospital, llena de miedo por aquellas palabras. ¿Sería cierto o era otra de sus mentiras?

El amor que un día le había tenido se había muerto el día de su engaño. Sabía que estaba vivo, sin embargo, la vida que tenía, en definitiva, ella no la quería compartir.

Siempre huyendo, mintiendo y estafando a los demás. Hasta ahí quedaría su historia con él. Lo que le pasara de ahí en adelante ya no sería más su asunto. El ciclo se había cerrado. Lo dejaba ir y esperaba no saber nada más de lo que le pudiera pasar. Era una sombra en su pasado.

Llevaba prisa, se refugió en la iglesia. Ocupaba que Dios la protegiera. Hacía tanto que ella no lo invocaba. Pero ahora, desde muy en el fondo de su corazón, nacía una llama intensa que quería volver a su lado. Dios es grande y misericordioso. Nos recibe con amor cuando por fin decidimos hablar con él. Siempre está presente. Nosotros somos los que nos alejamos y dejamos de lado su infinito amor. Hizo algunas oraciones y se confesó.

Javier la esperaba.

Los preparativos para la boda civil salieron según lo acordado, nadie en el pueblo sospecharía nada. Todos estaban felices porque dos personas tan buenas lograran hacer su vida juntos.

"A veces nos dejamos llevar tanto por lo que dice la gente que terminamos poniendo nuestras vidas en sus manos".

Esa tarde la boda se celebró. Todo sencillo, algo meramente familiar.

Cuando la cena terminó, y los pocos invitados se despidieron, los recién casados se dirigieron hasta la que sería su nueva casa. Estaban maravillados con su nueva vida. Un lugar pequeño, de ventanales grandes. Cuartos separados, vida en común. Vieron dos películas, masajes en los pies y vino para brindar. No estaba mal. Sin duda, una gran noche de bodas. Javier era feliz, Eva era feliz. El sexo es solo un eslabón, ambos estaban tranquilos y ante su familia estaban enamorados. Las cosas marchaban bastante bien.

Sí, era un matrimonio de papel, como muchos que hoy en día existen. Algunas parejas viven juntas, aparentan amor y vida perfecta, pero no se aman, solamente se entienden, o se necesitan para pagar cosas en común, solo quieren compañía. Solo que, en este caso, el acuerdo de vivir y no ser nada más allá de la amistad, había sido tomado antes de dar el sí.

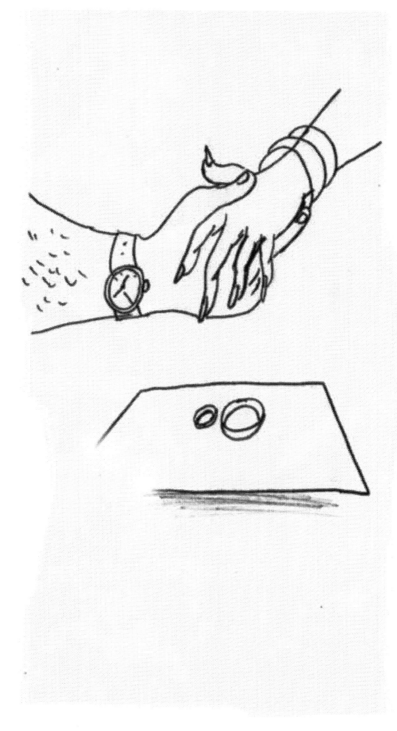

La vida pasa rápido. Un día mientras Eva revisaba su correo electrónico, vio una dirección desconocida. El extraño mensaje hizo que su corazón se acelerara como hace mucho tiempo no lo hacía. El mensaje era de Ignacio.

Veinte años habían pasado desde la última vez que se habían visto. Veinte años en donde la vida de ambos había girado sin lugar a duda de manera desenfrenada. Cerró su computador, no debía contestar. La curiosidad caló fuerte algunos días.

¿Qué quería?, ¿por qué le escribía?, ¿qué sería de su vida?

Hay quienes dicen que hay cosas en la vida que es mejor dejar en su lugar. Tal vez ese mensaje era una de esas cosas que no se debían tocar. Pero entre la falta de sexo, la paz extrema de su casa, la monotonía del trabajo, las deudas y la maldita tentación, hicieron que la vida quisiera un poco de sabor. Leyó el mensaje. Había un número. Lo marcó. Escuchar su voz después de tanto tiempo fue como retroceder a esos años de juventud.

Él estaba visiblemente emocionado de escucharla. El tiempo había pasado, pero sin duda, lo que sentía por ella no había cambiado y en cuanto la escuchó, reconoció su voz.

Su forma de hablar y de expresarse le dejaban notar que los años hacen un buen trabajo. Se notaba más maduro. ¿Cómo sería su apariencia física después de veinte años?

Él había sido su gran amor de juventud, era parte de ese pasado. Le había dolido su traición. ¿Qué más daba?, en ese momento nada los ataba. Después de lo sucedido él la busco varias veces en su trabajo, ella siempre se negó hablar.

Quizás el orgullo se llevó algo bueno, tal vez si en ese momento las cosas se hubiesen arreglado hoy todo sería distinto, pero nunca lo sabría. Su tiempo juntos había pasado. Ahora, nuevamente tenían la oportunidad de hablar.

Él se notaba distinto, quería verla y saber de su vida. Ella lo había pensado muchas veces en este tiempo. Nunca se atrevió a llamar. Sería lindo volverlo a ver. Poder hablar. Estar cerca…

La cita fue en un café en el centro de la ciudad. "Mantener conversaciones con el diablo, te vuelven vulnerable". Y él era su mayor demonio…

La elección de la ropa ideal para ese día fue todo un reto. Escogió cuidadosamente su ropa interior. El escote un poco más pronunciado en su blusa y su falda elegante pero muy sensual. ¿Qué era eso?, se dijo. Es solo hablar. Una cita formal. No sé porque pienso en esas superficialidades.

Había llegado más temprano al lugar. No quería tener que caminar con torpeza delante de él, por los nervios que le provocaba ese encuentro. Pasaban solamente cinco minutos después de la hora acordada y ya las manos le temblaban. ¿Y si no venía? Miró alrededor evidentemente nerviosa. Una ojeada rápida al reloj. Solo dos minutos habían pasado en un tiempo que se hizo eterno.

Un hombre alto entró. Tenía esa mirada y sonrisa que recordaba tan bien. Estaba muy cambiado, pero definitivamente era él. Los años habían pintado su pelo y el tiempo le había dado algunos kilos de más. Se notaba que su esposa lo cuidada. Estaba bien presentado, era distinto. Se acercó, saludó de manera muy formal. Cuando se sentó al frente suyo las palabras quedaron suspendidas en el aire. Una sonrisa traviesa brotó de su cara. Era esa mueca que la ponía tan nerviosa. Rompió el silencio diciendo:

—Te ves muy bien. ¿Aún eres esa "chiquilla" que recuerdo de ayer? Así le decía, cada vez que se mostraba cariñoso. Ella se sonrojó. Era lindo volverlo a ver.

Intercambiaron algunas palabras como dos personas que se conocen y que deben demostrar ante una sociedad, cordialidad y educación. Él quiso abrir sus sentimientos un poco más.

—Te hice daño Eva, nunca me perdonaré que te enteraras de mis aventuras de esa manera. Era un tonto. Me dejé llevar. Yo de verdad te amé mucho y tu cara de decepción la tengo guardada en mi mente.

—No digas más Ignacio, ya paso mucho tiempo de eso, tal vez no era nuestro momento. Creímos ser el uno para el otro, pero teníamos muchas diferencias. Tú eras celoso, posesivo y no tenías intensión de dejarme crecer. Yo por mi parte no era el tipo de mujer que tú querías, liberal, extrovertida y sin prejuicios. Eso nos dio distancia. No te tortures más, ya eso quedó atrás. Han pasado muchos años.

—Me alegra que lo pudiéramos hablar.

Él le tomo la mano y la besó. Fue como quitarse un peso de encima.

Pasaron la tarde hablando, riendo, contando un poco de sus vidas. Ella narró todo el mundo de cosas que le habían sucedido. Él le dijo que tenía poco tiempo de casado, pero que tenía cerca una buena mujer. Eva la conocía, había sido su amiga. Pagaron la cuenta y cada uno se dirigió a su auto.

La tarde estaba más linda que nunca, o por lo menos así la sentían los dos. Al despedirse, el fuerte abrazó sacudió sus corazones y ató sus cuerpos. Ambos podían sentir latir el corazón del otro. El tiempo se detuvo. Se miraron. Un impulso dio paso a un beso. Ambos lo saborearon con pasión. Un beso que deseaban hace mucho tiempo. No hacían falta más palabras.

"Existen amores que, aunque se alejen, nunca pasan de lado en tu vida, son esos amores que no sabes cómo llegaron a clavarse tan profundo en tu corazón. No has tenido contacto, no has tenido una vida con ellos, sin embargo, solo falta un instante juntos para generar todo un incendio. Sin saber, quieres quemarte y arder en llamas"

Se dirigieron a un lugar en donde podían estar a solas. ¿Alguna vez han sentido tocar el cielo en las puertas del infierno? Eso exactamente era lo que trasmitían sus besos. Y no importaba. Ese deseo de estar con él era más fuerte que cualquier otra cosa en este mundo. Ese hombre despertaba todas las emociones que puedas vivir en un instante. La enloquecía y ella a él. Es un veneno que sabes que te hace mal, pero igual estás dispuesta a probar.

Estar ahí con él era como hacer el amor por primera vez en la vida. Emoción, miedo, misterio y ansias. Sabía que él era casado y ella también lo era, eso solo hacía más excitante el momento. ¿Por qué la vida es tan complicada?, ¿qué pasaría cuando todo terminara?

Suyos sus besos, suyos sus brazos, suyo su cuerpo, aunque sea por solo unos momentos.

"A veces esperamos toda una vida, instantes que solamente duran unas horas y no te importa, los disfrutas, así seas consciente que se van a terminar. Y luego esperas a que la vida te vuelva a dar la oportunidad de verlo, así sea por solo unos minutos más".

Manejó hasta su casa sintiendo una extraña alegría. Al llegar quiso disimular esa felicidad que la tenía en las nubes. Hablar con Javier, más que un marido, era como hablar con un papá. No le podía contar. A ningún padre le ha de gustar que le cuentes que vienes de estar con un hombre casado. Era su pequeño secreto. Un secreto que mantuvo con recelo. Esa noche cuando se acostó vio un mensaje: Fue maravilloso. "Quiero volverte a ver".

Seguramente estaría lejos de su esposa y se comportaría como un novio misterioso que decide darle las buenas noches a su amada, o quizá el descaro de un hombre infiel en todo su esplendor que le envía un mensaje aún con su esposa en su cama. Por varios meses siguieron ese juego que el destino les daba. La adrenalina de lo prohibido, los mensajes a horas no adecuadas, las llamadas, los encuentros llenos de misterio, eran esa energía que tanto necesitaba. Volverlo a ver era lo que deseaba cada día.

"El amor, nos hace cambiar, omitir, negar. No adviertes errores, no cuestionas nada. Solo sabes que te sientes diferente y eso marca un antes y después de haberlo encontrado".

Todo era perfecto. Sus besos, sus palabras, sus abrazos. Un mundo que era de dos, un mundo distinto al que pensó. Hasta que un día después de hacer el amor simplemente le dijo: Eva esta es la última vez que te veo, me voy lejos de acá. Mi esposa necesita un cambio de vida, está enferma y yo debo ir con ella.

Una sacudida de dolor y de amargura cayó su voz, mientras que ese mismo sentimiento llenó su mirada de tristeza. ¿Qué expresar en un momento así?

No eres nadie.

No puedes exigir.

No puedes tomar decisiones sobre otra vida.

Cuando empiezas algo que no tiene ni pies ni cabeza, eres nada. Cuando aceptas una relación a escondidas, sabes que las consecuencias pueden llegar y debes asumirlas. Pero ¿cómo entender cuando una persona minutos antes te dice que te ama y después solo te dice adiós? Frío hiriente.

No tuvo intención de pedirle amor a distancia. No existía esa hombría de decir te llamo, te veré cuando pueda. Nada. Seguía siendo un desgraciado. Solamente había disimulado y mejoró su técnica.

Habían vivido lo que querían vivir…

Eva no sería de esas mujeres que enloquecen y le gritan a la esposa su aventura, para conservar al hombre o para echarle a perder su vida. ¡No!, ella valía más que eso.

Ambos vivieron una aventura, ambos volvían a sus monótonas vidas.

La gente no engaña porque sí. La gente engaña porque quiere. Y ambos habían dado el paso.

Parecería extraño, pero Eva solo pudo decir ¡Gracias por despedirte está vez de mí!!

"Gracias" ¿Por qué?, ¡Por dejarte!

¿Por hacerte sentir como un juguete?

Tenía un nudo en la garganta y quería llorar. Quería decirle quizá que las cosas no debían terminar así. Qué podía verlo, aunque sea de vez en cuando. Poder tener algo así sea en la distancia. Quería decirle que lo esperaría otros veinte años si fuese necesario. Pero decidió callar.

Hay que asumir los actos y no lamentarse por ello. Ya no más dolor, ya no podía verse doblegada y frágil ante un hombre.

Cuando bajó del carro, lo miró por el retrovisor. Ese era el adiós. Dolía y mucho.

Parecía entonces que Eva pese a todo comenzaba a valorar quien era. Depender de un hombre para tener algo, un sentimiento, una posición social, una economía; no puede ser posible. Las mujeres valemos y podemos ser mejores, se dijo a sí misma.

Era impactante lo que pasaba, pero no merecía lágrimas. Nada de eso. Sabía que lo que había pasado no se repetiría con nadie más. Ella era de esas mujeres que cuando entregan el cuerpo es porque antes ya su alma y su corazón habían decidido entregarse.

Él era parte importante de su vida, de su pasado. Gran culpable de su locura. Se había aparecido y le había revolcado hasta el rincón más profundo de sus sentimientos. Era su tentación y cuando el diablo te sirve en bandeja de plata, terminas comiendo hasta los sobros. Ya tenía demasiadas heridas, ahora solo se quedaría con lo bueno. El momento había sido especial.

¿Arrepentirme? ¡No! Lo disfruté. Él era un error que valía la pena cometer.

Sentía remordimiento por Javier, así es que decidió contarle a su marido de papel todo lo que había pasado.

Javier no alabó su historia, pero tampoco la juzgó.
"Cuando uno es adulto debe aprender esto, la gente actúa, hace cosas, vive historias a sabiendas de lo que puede pasar, pero eso es la vida un vaivén de emociones".

—¿Qué esperabas?, le dijo: ¿Que se separara de su mujer y te eligiera a ti?

—Yo tampoco quería eso, fue solo el momento, le dijo Eva.

—¿Entonces porque te quejas? Ahora, si nos vamos al plano de lo moral pese a que nosotros no tenemos convivencia sexual, sí tenemos una convivencia de respeto y de amistad. ¡Me lo hubieras contado antes! Lo habríamos hablado y yo te habría aconsejado. Seguro te habría amarrado a una silla para que no cometieras esa locura.

Es probable que yo solo perdiese mi tiempo hablando y tú nunca me harías caso, o te habría hecho reflexionar antes de actuar por impulso. Él tiene esposa y de seguro esa pobre mujer ni idea tiene de las jugadas de su marido. En este momento deben estar felices y contentos, pero con tremendos cuernos que le puso contigo y eso tampoco está bien.

—¿La esposa? Que difícil pensar en otra persona, cuando alguien te nubla la mirada. Ella también sabía que Ignacio era su gran amor y no le importó ser su amiga y enredarse con él.

Javier tenía razón, estuvo mal. Ahora Eva solo esperaba que ella nunca lo supiera. Nadie merece el dolor de una traición.

Eva estaba creciendo mucho de manera profesional. Por fin había encontrado la inspiración que necesitaba. Muchos planes por realizar. Mil proyectos en mente. Todos perfectamente elaborados y sin duda lograría llevarlos a cabo. Estaba trabajando fuerte para hacerlos realidad. Ya había perdido el tiempo pensando en los demás y cómo satisfacerlos. Ahora debía cumplir sus promesas, dedicarse el tiempo que tanto necesitaba. Ser ella, aprender amar la mujer que era. Recordó que tenía un pendiente y manejó por la calle que tanto detestaba, por lo peligrosa que era. La buscó.

Allí estaba hurgando entre la basura algo para comer. Tenía una promesa que no le había cumplido a la Pelona y si algo tenía claro es que las promesas se cumplen o terminamos por fallar a nosotros mismos. Detuvo su carro. Bajó una bolsa con algunas prendas. Con un gesto exagerado mientras movía su brazo, llamó a la Pelona que estaba al otro lado de la calle. Se acercó riendo, mostrando sus dos únicos dientes.

—Hola. Toma lo que te prometí. Demoré más tiempo del que te había indicado. Me perdí en mí. Pero ya estoy de vuelta. ¿Quieres comer? La Pelona contestó eufórica que sería una fortuna poder llenar la panza con algo distinto a las sobras.

Eva sabía que por su mal aspecto sería imposible llevarla a comer a otro lugar, por eso le había comprado algo en el camino. Quería conocer un poco más la mujer detrás del harapo. Muchas veces solo juzgamos a una persona por su apariencia y no pensamos qué hay detrás de una linda o mala apariencia.

Eva necesitaba saber por qué alguien decide vivir una vida como esa y, aun así, seguir tanto tiempo sin hacer nada para cambiarlo. Ella había estado a un paso de la muerte por problemas, dudas, miedos y dolor. ¿Cómo entonces hay tantas personas que sin dudarlo tienen vivencias similares y siguen adelante con sus vidas? De manera extraña, pero siguen en pie.

—Hoy quiero sentarme un rato contigo, le dijo. Te conozco hace años y no sé nada de ti.

La Pelona devoraba a bocados grandes el emparedado que tenía en manos. Eva se sentó con ella a un lado de la calle.

Las personas que pasaban por ahí miraban extrañados la irregular escena. La Pelona con sus andrajos, Eva vestida como una reina. Una reina destronada de su castillo. Una reina con un cuento de hadas fallido.

"No importa si tu castillo o tu historia se han derrumbado. Si tienes ese brillo especial, serás la reina y te reconocerá de lejos".

La Pelona percibió la empatía. Quiso hablar y contarle un poco de su vida.

—Sabe Negrita. Yo no siempre he vivido en la calle. Igual que uste yo tenía una familia. Éramos pobres, muy pobres. Vivía en el campo y siendo muy chiquilla mi padrastro me obligó a venirme a trabajar a este lugar. Ni siquiera me dejó terminar la escuela. Él tenía un amigo. Un viejo que, por unos cuantos billetes grandes, le dio a mi padrastro la oportunidad de liberarse de otra boca que alimentar. Mi madre, no hizo nada. Le tenía miedo. Y prefirió a ese hombre, por encima de su propia hija.

La vida que comenzó desde el momento en que entré a su casa fue el infierno. Ese "animal" lo único que hizo fue abusar terriblemente de mí en muchas ocasiones hasta el punto de destrozar mis partes íntimas. Calló un momento. Un nudo en la garganta se apoderó de su voz. Tomó aire.

Los abusos trajeron consecuencias y unos meses después un dolor horrible en la barriga me puso morirme. ¡Grité de dolor! Tenía el vientre abultado. El viejo abusivo sabía que no era un simple dolor de estómago. Pero yo en mi mente ignorante de niña no entendía lo que pasaba. Estaba embarazada.

Él no quería problemas con la policía y menos tener que criar a un chamaco. A mí me tenía amarrada y ya las fuerzas no me daban para gritar más pidiendo ayuda. El sótano en el que viví por mucho tiempo impedía que alguien más me escuchara. Un chiquito es otra cosa.

Un rato después que comenzó mi malestar, llegó con una vieja mañosa (partera le decían). Ella me dijo que aliviaría mi dolor, pero fue mentira. Dolía mucho. Me desmayé después de un rato. En mi delirio había escuchado a un bebé llorar. Cuando desperté no estaba. Y nunca supe nada más. Fue horrible. Doloroso.

El monstruo que me tenía prisionera me tiró en algún lugar de la calle. Yo recordaba que cuando llegué a ese sitio había recorrido demasiadas horas en autobús. Pero tenía tanto dolor y maltrato, que la mente se me perdió y no puedo recordar cómo se llamaba mi pueblo. Estaba en este lugar totalmente desconocido. Sola, sin documentos, sin dinero. Me sentía muy débil. Me desmayé de nuevo.

Cuando desperté estaba en un lugar horrible. Dos hombres me miraban. Estaba desnuda. Entendí que ellos no me iban a ayudar.

Me quedé con ellos no sé por cuanto tiempo. Me abusaron muchas veces y vendieron también mi cuerpo. Muchas veces me gritaron que debía ganarme la comida que me daban y la ropa que me ponía. Yo era muy bella, terriblemente bella igual que uste. Pero esa vida de dolor, abuso, maltrato, me convirtieron en el despojo que soy ahora. Yo tenía un cuerpo bello, un rostro sano y un alma limpia. Ya no queda nada de eso.

Cuando me arrebataron mi belleza ya no les servía, y una vez más me desecharon a la basura. Intenté tomar el dinero que por trabajo me correspondía. El dueño del lugar en donde me quedaba me descubrió en el intento y me golpeó fuerte, muy fuerte. Yo no quería que me volvieran a dañar. Él era más fuerte y grande que yo. Me lanzó un líquido directo al rostro y la cabeza. Dolió, no se imagina cuánto. Nadie me había buscado, nadie me salvó. Me robaron la vida y yo aprendí a robarle a los demás para poder vivir. Me había pasado de todo, y el mal era lo único que mi mente recordaba. Yo seguía viva, sin saber ¿para qué? o ¿por qué? Pero no me morí.

Caminé sin rumbo por varias horas. Luego encontré otros más igual que yo, "sin nada". Y aquí me quedé. Comiendo lo que otros desechan y durmiendo donde mejor me parezca. Esa es mi historia.

Eva, lloraba. Lo que la Pelona le había contado era más de lo que podía imaginar. Le abrazó.

La Pelona limpió con sus sucias manos el bello rostro y le dijo:
—¡Ve Negrita!, todos tenemos problemas, pero así es la vida. Y nos toca morirnos solo cuando el de arriba lo diga. Nunca, por más feo que esté esto aquí en la tierra. Vállese para su casa y tenga cuidado cuando maneja. Gracias por la comida y la ropa.

Semanas después y en el rutinario día a día, Eva tenía que viajar muy tarde de regreso a su casa. En algunos momentos comenzó a sentir como si alguien la estuviera mirando o siguiendo. Era como una de esas corazonadas que te viene cuando algo no anda bien.

Llegar a casa le devolvía el aliento. No quiso alarmar a Javier, podía ser solo inventos de su cabeza. Días después, comenzaron a llegarle mensajes con fotos que le mostraban varias de las cosas que ella realizaba durante el día. El número era desconocido. Todo un acoso y violación a su privacidad. ¡Esto sí le asustó!

Alguien la seguía, pero ¿por qué?, ¿Sería la mujer de Ignacio que se había dado cuenta de su aventura y ahora quería cobrársela?

No. Él le había dicho que estaba enferma y que se irían lejos. Prefirió contarle a Javier lo que pasaba. Evidentemente preocupado de lo que sucedía decidió avisar a la policía.

Las llamadas a distintas horas del día se incrementaron. Solo llamaban y colgaban. Era un tipo de maltrato psicológico. En varias ocasiones sintió que alguien rondaba su casa. Hartos de tantas llamadas y visitas inesperadas tomaron la decisión de ausentarse unos días al trabajo. Tenían miedo.

Una noche Eva no pudo dormir y así como un niño se pasa a la cama de sus padres, ella necesitó solamente dormir con Javier. Él era su guardián, se lo había prometido y ella estaba segura a su lado.

Un día sin más, las llamadas y mensajes desaparecieron. Tal vez era una broma de mal gusto, pensaron. Pero igual iban a tomar precauciones. "La vida sigue, aunque tengamos miedo".

Javier tenía que trabajar, alguien debía llevar dinero a casa. Eva cerró puertas y ventanas. Se sentía segura ahí dentro. Preparó la cena, él debía estar pronto a llegar. Escuchó pasos. Alguien rondaba su casa. Intentó llamar a la policía, su teléfono no funcionaba. Tampoco el internet. Era extraño. Miró las llaves de su auto y pensó salir. La casa de su madre no quedaba lejos, sin embargo, abrir la puerta podría ser un error. La persona que estaba fuera podría aprovechar el momento y atacarla. Comenzó a llover con intensidad, sus vecinos estaban lejos. Estaba sola en casa, tenía que esperar.

Tomó un cuchillo. Sí alguien decidía entrar tendría que defenderse. Las nueve y treinta, marcaba el reloj de la sala, Javier no había llegado.

¡Oh por Dios! Javier estaba por llegar. Tengo que avisarle, no puede correr peligro.

Cerca de las diez de la noche el auto de Javier se estacionó en frente de la casa. La luz del corredor alumbraba todo el lugar.

Eva corrió a abrir la puerta. No vio a nadie. En ese momento se escuchó un disparo.

Un hombre se escabulló entre la maleza y un grito desgarrador desde lo más profundo de su ser brotó al momento de ver a Javier caer al suelo bañado en sangre.

El disparo llamó la atención de los vecinos. Ese era un pueblo tranquilo. En un instante mucha gente llegó al lugar y comenzaron ellos mismos la búsqueda de la persona que había disparado. La policía y la ambulancia tardaban en llegar.

¡Estaba muerto!, ¡eso no podía estar pasando! Él es bueno, ¡no puede terminar así! No me dejes Javier, no me dejes.

Llegó la mañana. Aún no había noticia del sospechoso. Javier aún yacía en el suelo. No es justo, es un hombre bueno. ¿Cómo puede alguien tener tanta maldad en su corazón?, ¿Cómo puede una persona quitarle la vida a otra?

Cerca del mediodía se dio el aviso de que habían encontrado al sospechoso. Era Rigo.

Poco después del día que Eva lo vio por última vez en el hospital, había estado preso. Según le dijeron recién había salido libre de la cárcel. Estaba loco y siempre hablaba de Eva en la prisión. Ella era su obsesión. La había buscado. Sabía de su nueva vida y no lo soportó. Sin lugar a duda, él nunca había sido una persona estable, pero a veces el mal se disfraza tan bien, que hasta podemos vivir con él.

La tristeza volvió a ese lugar. Entre caras largas y llorosas un día después de su muerte, el amargo momento se hizo presente. Recibir en la que fuera su casa, a Javier en una fría caja no era justo. Ahí lo tenía, nuevamente en casa, no de la forma en que siempre lo deseaba. Tomando el poco valor que le quedaba, se acercó hasta él y al mirarlo, abrazó fuertemente su ataúd mientras lloraba de manera desgarradora. Ella le hablaba y con voz quebrada le imploraba que despertara, que se parara de allí. Acarició el cristal ya empañado y recordó los momentos felices y los mil consejos que le dio. Era un hombre bueno, demasiado bueno para ser real. Un alma que seguramente iría directo al cielo.

A la mañana siguiente, llevaron su cuerpo al templo y este se hizo pequeño para tantos amigos y familiares que habían venido a despedirlo. El sermón del celebrante fue muy reconfortante para la viuda, por ello cuando el momento final se acercaba, se levantó de su asiento y colocó una rosa blanca sobre su caja y cerró con fuerza la tapa, mientras que con un beso conmovedor despedía a su gran amigo. "Gracias por devolverme a la vida. Me duele que por mi culpa perdieras la tuya". ¡Te lo prometo, no me dejaré caer!
"La noche tendió su velo con tristezas y antipatía,
al verme como lloraba, al verme como sufría.
La luna caminaba débil, las estrellas no lo entendían,
mi corazón se partió en pedazos y él nunca lo sabría.
La casa quedó en silencio, mi vida ya tan vacía,
pero fuera de esa casa, la vida igual trascurría.
El tiempo pasaba lento y esta triste melancolía,
me decía fríamente, esa fue la despedida".

Había tomado la decisión de vivir aún en medio del dolor. Eva durmió en su cama y sintió mágicamente sus brazos rodeando su cuerpo. A veces lo soñaba a su lado. Sentía su piel aun tibia. Pasadas tres semanas de la muerte de Javier, se enteró de que había pruebas suficientes en contra de Rigo y que sería muy difícil que saliera de la cárcel por homicidio culposo. Eso, aunque la tranquilizó un poco, no iba a hacer que Javier regresara.

La casa en silencio. Vacía de él. Muchos recuerdos.

Eva no había querido dejar su casa. Ella y Javier amaban ese lugar. Decidió retomar su vida, sembrar plantas y hacer el jardín que siempre había soñado. El lugar tenía las características de la casa de sus sueños, solo tenía que darle amor.

Algo le pasaba. Muchas cosas habían ocurrido en esos días, sin embargo, algo dentro de ella la mantenía tranquila. Era una sensación extraña. Pronto regresaría al trabajo, así que decidió guardar en unas cajas la ropa de Javier para donarla a alguien más. En ese momento encontró la película que vio con él la otra vez que le contó lo de Ignacio. Sonrió un poco. Justo en ese momento recordó que su periodo aún no había llegado. De hecho, tenía varios meses que no lo hacía. ¡No podía ser posible! Tomó las llaves de su auto y fue hasta el laboratorio más cercano y se realizó una prueba. Con ansias esperó los resultados, sola sentada en un banquillo.

Cuando la doctora le entregó el resultado de su prueba, tenía una extraña sensación. Entre miedo y esperanza, entre dolor y risa. Su aventura con Ignacio había sido algo fugaz. Cada uno siguió su vida y ahora tenía una consecuencia.

Abrió con calma el sobre, miró el papel y sus ojos se iluminaron. "Positivo". ¿Qué quiere ahora la vida de mí? Eva esta vez no lloraba. Reía. En medio de todo era la mejor noticia que pudo recibir. En todo el mundo extraño que vivía, no había planeado un bebé y ahora llegaba para darle la oportunidad de hacer de su vida algo mejor.

Los meses pasaron y su cuerpo fue cambiando. Cada vez que podía visitaba el cementerio y llevaba flores a Javier y le contaba sobre sus días. De Ignacio no había vuelto a saber nada y tampoco quería irrumpir en la decisión que él había tomado.

Eva había vivido de formas muy distintas y experimentado todo tipo de sentimientos.

Muchas veces pensó en la Pelona como un símbolo de mala suerte en su vida, como un presagio quizá de todo lo que le había ocurrido. Pero no, esa mujer mugrienta, desdichada por la vida ya tenía mucho dolor en su vida como para tener que cargarle la culpa de las cosas que le pasaban. La vida simplemente va formando nuestra historia. Ella no podía ser señal de mala suerte. Ella quería verla como un ángel que le anunciaba que algo malo estaba por ocurrir, solamente para prepararla. A muchos nos ocurre en algún momento. Solamente deseamos dicha, triunfo, felicidad y nos olvidamos de que existe el dolor, tristeza, problemas, no solo nuestros sino de los demás. Siempre la voy a recordar y si algún día necesita mi ayuda aquí estaré.

Eva quiso alejarse de su pasado, pero siempre la persiguió. Ahí entendió que las personas estamos ligadas a nuestros momentos bellos y a nuestros momentos de dolor. Algunos tienen historias sencillas, nada complicadas. Otras personas parece que nacieron para tener problemas. Es el destino. Es la vida. Era ella quien debía cambiar y decidió que lo haría por su hijo. El viento acarició su rostro, ya no sentía miedo. Estaba en paz.

Caminó a pasos lentos por la calle, llevando puesto su viejo abrigo color marrón y las manos en los bolsillos. La tarde estaba muy fría, pero desde dentro un calor llamado esperanza la quemaba.

Su silueta ahora era más perfecta que nunca. Esa hermosa curva que redondea el cuerpo de la mujer, le hacía lucir especialmente bella. Nunca fue una mujer débil, aunque muchas veces lo creyó. Solo estaba demasiado ocupada pensando en su dolor.

No era su vida como la había planeado, ahora sabía que no siempre pasa lo que queremos y cuando lo queremos. El destino es incierto. Nunca se sabe cuándo la vida nos dé una nueva sorpresa.

Ese día decidió vivir y dejar que la vida la sorprendiera un poco más. Lo que tenga que pasar, pasará y aquí estaré con la cabeza en alto esperando.

Mariana Castillo
10-12 -2021

Sobre la autora

Mariana Castillo Padilla, nació en la provincia de San José, Costa Rica, en 1982.

Realizó estudios en educación en el área de preescolar y administración educativa.

Disfruta de la buena lectura y ama escribir historias. Dejar volar su imaginación es una de sus mayores virtudes.

Con la publicación de su primer libro AVE EVA comienza de manera formal su carrera como escritora en al año 2021, sin embargo, desde hacer muchos años su vena literaria ha producido varios textos que progresivamente se publicarán con éxito.

ENLACES DE CONTACTO

Email www.marianacastillo978@gmail.com

 Instagram

 Facebook

 Canal de YouTube

 WhatsApp

Made in the USA
Columbia, SC
28 June 2025